남의 불행을 보면,
왜 기분이 좋아질까

남의 불행을 보면
왜 기분이 좋아질까

김헌식 지음

세상물정의 심리학

페이퍼로드
paperroad

관점을
바꾸면
세상이 바뀐다

가르마를 타서 잘 빗은 옆머리로 휑한 정수리를 가린 대머리 신사를 보면 왜 웃음이 나올까. '웃음이 나오니까 웃지'라고 여긴다면 일상은 더없이 당연한 보통의 하루가 되고 말 것이다. 나는 이 책을 통해 오래 쌓인 각질처럼 굳어 있는 관점을 싹 날려버릴 수 있는 또 하나의 관점을 제시하고 싶었다. 탈모증은 정말 웃음을 유발할 만한 현상일까? 우리는 어쩌다 대머리를 보고 웃게 되었을까? 개그 프로그램에서 대머리 분장을 하는 이유는 뭘까? 그러다 보니 점점 더 많은 의문이 차올랐다. 이미 혈액형이 사람의 성격을 규정할 수 없다는 것을 아는데도, 왜 여전히 '넌 혈액형이 뭐니'라고 묻게 되는 걸까? 오랜만에 만난 친구가 대뜸 '너 살이 좀 찐 것 같다? 자기 관리 좀 해'라고 건네는 말에 울컥 짜증이 치미는 이유는 뭘까? 상식적으로 생각했을 때, 인체에 유해한 고칼로리 음식과 인스턴트식품을 많이 먹으면 뚱뚱해진다. 그렇다면 음식 조절이 안 되는 이유는 뭘까? 허겁지겁 컵라면으로 끼니를 때우는 편의점 알바생이 과연 게을러서 영향 불균형에 빠지는 걸까? 우리는 정보도 넘치고 친구의 사생활도 온라인상에서 실시간으로 넘쳐나는 아주 소셜한 시대에 살고 있다. 그런데 뭔가 이상하다. 허구한 날 SNS에 접속하면서 '좋아요'는 늘어가는데, 속을 털어놓을 친구는 왜 줄어드는 걸까? 이런 식으로 차곡차곡 쌓아온 생각들을 정리하기 위해서 꺼내든 게 '우리는 왜?'라는 29가지 물음표다.

물음표를 던져서 답을 맞히는 것은 이미 학창시절부터 지겹도록 해온 일이다. 그러다 보니 성인이 될 무렵부터 우리는 학습된 정답들을 주렁주렁 달고 살아간다. 그것은 곧 편견이나 고정관념으로 굳어진다. 또한 교실 밖에도 정답을 암시하는 것들이 너무나 많다.

"너답지 않게 왜 이래?"

"나다운 게 뭔데?"

TV 드라마 속 대사 하나에도 이처럼 아주 오래된 패턴이 숨어 있다. 저녁 무렵 연속극에서는 가난한 집 풍경과 재벌이 사는 응접실이 대비되어 출생의 비밀이 되풀이되는데, 우리네 어머니들은 처음 보는 것처럼 또다시 빨려 들어간다. 여기에는 필시 그럴 수밖에 없는 어떤 이유가 있을 것이다. 한국이라는 나라 안에 있기 때문에 생기는 현상일 수도 있다. 또 어떤 행동들은 선입견이나 편견을 바탕으로 되풀이된다. 미디어 산업과 기업 경제가 맞물려서 거대한 문화심리를 조장하기도 한다. 우리가 제때 물음표를 던지지 않는다면 까맣게 속은 채로 장기판의 말이 되어 살아갈 수도 있는 것이다.

나는 가르치기보다는 가리키려고 노력했고, 한가로운 오후의 카페에서 눈앞에 미지의 독자가 앉아 있다는 상상을 하면서 이 책을 썼다. '이런 건 공감해주지 않을까'라는 생각이 들 때도 있었고 '이 부분은 왠지 다른 얘기를 들을 수도 있을 것 같은데'라는 생각을 하기도 했다. 관점을 찾는 과정에서 도움을 얻었던 국내외의 설문조사 결과나 저명한 대학 교수팀의 연구, 참고 도서 등도 함께 실었다.

이 책에 등장하는 물음표들은 답을 겨냥하지 않는다. 어쩌면 질문에 대응하는 단어는 답이 아니라 '관점'이 아닐까 생각한다. 답은 고여 있다. 하지만 관점은 생각의 방향이고 언제나 열려 있는 것이다. 이 책에는 29가지 질문에 대한 29가지 관점이 담겨 있다. 그러니 이 책을 읽는 독자 여러분은 얼마든지 나의 관점을 지나 또 다른 관점에 도달할 수 있다. 또한 이 책이 제시하는 '질문' 역시 하나의 관점에서 탄생한 것이므로 얼마든지 또 다른 질문들을 낳을 수 있다. 책을 읽다가 어떤 대목에서 '이 저자는 정말 고약하군!' 하고 나의 물색없음을 탓해도 좋다. 그것 역시 새로운 관점을 여는 신호탄이 될 수 있을 것이다. 관점이 바뀌면 일상이 달라지고 세상이 바뀐다. 간장 종지 같은 우리네 삶에 떨어뜨린 질문 한 방울이 큰 그릇 작은 그릇 할 것 없이 거대한 물결이 되어 번져나가기를 꿈꾼다.

- 김헌식

1장 • 편견이 싫어

2장 • 뒷담화가 좋아

3장 • SNS를 할수록 외로워

4장 • 자꾸 지름신이 내려

5장 • 요즘 왜 이럴까

1 장 • 편견이 싫어

예쁘면
정말 취직이
잘 될까?

■■■■
외모 프리미엄의 실상

미인은 스트레스를 준다, 특히 남자에게!

캐서린 하킴 전 런던 정치경제대학 교수는 2010년 옥스퍼드대 저널에서 이성적인 매력이 있는 사람들은 높은 지능과 긍정적인 성격, 월등한 사교술로 남들보다 월등한 성취를 한다고 주장했다. 이러한 매력자본을 그는 '관능자본 Erotic Capital' 이라고 했다. 관능자본에는 여섯 가지 기준이 있다. 그것은 바로 ①아름다운 외모, ②몸매(성적 매력), ③인간관계 기술(사회적 매력), ④신체적 건강함, ⑤옷·화장법(사회적 표현력), ⑥섹슈얼리티이다. 관능자본을 가진 사람은 친구, 연인, 동료, 유권자, 후원자, 고객, 의뢰인 등을 만날 때 여러모로 혜택을 받는다.

여성에게 관능자본을 적용하면 미인은 성취감을 갖는다. 외모 때문에 사람들의 호감과 인정을 받아 더 자신감이 붙고, 그것이 동기부여를 강화하여 결과물을 좋게 하기 때문이다. 기본적으로 자아 존중감이 높은 것이다. 노동시장에서 이러한 장점을 '외모 프리미엄'이라고 한다.

그런데 남성들이 무조건 미인을 좋아할 것이라고 생각하면 오산이다. 외모가 뛰어난 여성은 상대적으로 남성들에게 스트레스를 많이 주는 것으로 나타났다(미국 미주리대 제니퍼 오브리 박사 팀, 「인간 커뮤니케이션 연구」, 2008). 눈앞에 있는 미인을 자신의 연인으로 만들 수 없다는 생각 때문이다.

예쁜 여성에 대한 남성들의 스트레스 정도는 호르몬의 측정을 통해서도 입증된 사례가 있다. 남성들은 혼자 있을 때보다, 매력적인 여성을 우연히 만났을 때 훨씬 높은 코르티솔(콩팥의 부신 피질에서 분비되는 스트레스 호르몬) 수치를 나타냈다. 2010년 스페인 발렌시아 대학교의 연구팀이 남성의 코르티솔 분비량을 조사한 결과였다. 코르티솔 분비가 많아지면 심장박동에 영향을 주고 스트레스 지수가 높아지는 현상이 일어난다. 이러한 스트레스는 비행기에서 뛰어내리는 것과 맞먹을 정도로 강도가 높다. 데이트를 하지 않고 바라만 보아도 이런 스트레스가 생기는 것이다. 게다가 너무 자주 보면 만성 스트레스의 원인이 된다고 한다.

만약 이런 남성들이 미인과 함께 식사를 하면 어떨까. 식사 비용은 전적으로 남성들이 낼 가능성이 많았다. 첫 데이트에 나서는 여성과 남성은 데이트 비용에 대해서 별 신경을 쓰지 않았지만, 외모가 아름다울수록 자신이 돈을 낸다고 대답한 여성의 비율이 적었다. 잘생긴 남성 역시 돈을 낸다는 비율이 적었지만 상대가 아름다운 여성이라면 자신이 내겠다고 했다(영국 세인트앤드루스대 사회학 연구팀, 2011). 결국 아름다운 여성에 대한 경제적 비용을 지불하는 게 당연하다고 생각하는 것이다.

나보다 예쁜 여자가 파는 물건은 안 사!

한편 여성들은 자신보다 예쁜 여성이 매장에 있을 경우 물건을 사지 않을 가능성이 높았다. 그것은 자신의 외모와 점원의 외모가 대비되기 때문이었다(사우스오스트레일리아 대학 비앙카 프라이스의 연구). 특히 점원이 자신보다 젊을수록 더욱 그랬다. 여성들은 "나보다 매력적인 점원이 물건을 파는 가게는 가고 싶지 않다"고 했다. 동성에 대한 태도에서도 여성들은 특히 엄격하다는 연구 결과가 있다. 남학생들은 대부분 한 번의 실수에 관대한 반면, 여학생들은 약속을 어긴 동성 친구에 대한 신뢰도 점수를 크게 깎았다 (미 케임브리지대 심리학과 조이스 베넨슨 교수팀 등, 《심리 과학》, 2009). 여성은 동성 친구가 자신에게 마음에 안 드는 언행을 하면 남성보다 더 냉정해진다. 연구진은 "여자는 남자보다 부정적 정보에 더 큰 비중을 두며, 이는 부정적 정보가 친밀한 관계에 치명적인 영향을 미치기 때문"이라고 했다. 따라서 만약 점원이 실수를 하거나 잘못을 했을 경우에 여성 고객들은 매우 차가워진다.

또한 특정 직종에서 여성은 기피의 대상이 되기도 한다. 남성이 주로 종사해온 직종에서 여성의 미모는 아예 고려 대상이 되지도 않았다(미 콜로라도 대학 덴버 비즈니스 스쿨의 스테파니 존슨 교수 연구, 《사회심리학》, 2010). 예를 들어 보안 시설 책임자, 건설현장 감독관, 교도소 간수, 자동차 판매원, 구호차 운전사 등이다. 사람들을 많이 만나야 하는 자동차 판매원도 마찬가지였다.

과거에 주요 소비재 생산업체들은 아름다운 여성 모델을

매개로 '이 제품을 사용하면 미인이 될 수 있다'는 암시를 주는 마케팅 전략을 쓰곤 했다. 하지만 2006년에 프록터앤드갬블P&G 로레알은 런던에 거주하는 43세 여성 캐런 콕슬을 모델로 기용했다. 그녀는 세 아이의 어머니였다.

그럼에도 불구하고 여전히 광고 속에 미인이 넘쳐나는 이유가 뭘까. 미모의 스타에게는 경쟁심을 느끼지 않기 때문이다. 그들은 일반인이 아니기 때문에 자신과 비교 대상이 되지 않는다고 여긴다. 반면에 눈앞에 있는 아름다운 여성은 직접적 경계심을 유발한다. 이런 점을 파고든 영화가 〈말레나〉인데 줄거리는 다음과 같다. 남편이 전쟁터에 나가 실종이 되자 수입이 끊긴 말레나는 시장에 나가서 일자리를 얻으려 한다. 사장들은 모두 오케이를 하지만 그뿐이었다. 아무리 돌아다녀도 일자리는 구할 수 없었다. 너무 예쁜 그녀를 지켜보고 있던 것은 남자들만이 아니었다. 바로 사장들의 아내가 말레나를 주시하고 있었던 것이다. 아내들은 그녀의 고용을 적극적으로 막았다. 말레나는 결국 일자리를 구하지 못하고 굶주림에 시달리다가 사장들의 불륜 상대가 되거나 독일군 장교의 애인으로 연명한다. 독일군의 패망으로 전쟁이 끝나자 도시의 여성들은 말레나를 거리에 패대기치며 엄청난 폭행을 가하기 시작한다. 이후 그녀는 도시를 떠나고 시간이 흐른 후 다시 도시로 돌아온다. 바로 자신의 남편과 함께였다. 그러자 여성들은 그녀를 더 이상 질투하지 않고 도움의 손길을 내밀기 시작한다.

여성들을 대상으로 하지만 너무 젊고 예쁘면 효과가 없는 TV 광고도 있다. 대표적인 것이 홈쇼핑의 쇼호스트이다. 이 채널을 즐겨보는 이들은 연배가 어느 정도 있는 여성들이 많기 때문에 영화 속 말레나 같은 여성이 제품을 홍보하면 시청자들이 거부감을 느끼게 된다.

예쁜 것도 죄라고, 외모가 뛰어난 사람들은 주위에 스트레스를 주기도 하지만 자신 역시 스트레스를 받는다. 외모에 부합하는 실력을 갖추지 못했다는 평가를 들을 것에 대한 염려가 대표적이다. 외모 프리미엄 이외의 가치를 증명하기 위해 노력해야 하는 것이다.

대한민국은 성형공화국이라고 불릴 만큼 얼굴에 칼을 대는 행태가 많아졌다. 물론 성형이 활성화되기 전에 금기를 먼저 깬 이들은 외모 프리미엄을 얻는가 하면 인생이 180도 달라지기도 했다. 그렇게 너도 나도 성형을 감행하기 시작했고, 정부 차원에서 성형 중독 등의 부작용을 제도적으로 방기한 측면도 있었다. 그러다 보니 한국은 어느덧 아시아는 물론 세계적인 성형대국이라는 이미지를 갖게 되었다. 성형은 매력자본을 인위적으로 마련하려는 것이고, 우월한 이점을 누리려는 일종의 '지대추구rent seeking' 행위이다. 그런데 한 병원을 통해 비슷한 눈이나 코의 형태가 반복적으로 만들어지게 되면 차별성 없는 지대추구 행위에 경쟁력이 점점 떨어지게 된다. '강남 미인도'라는 말이 괜히 생긴 것이 아니다.

A형이
점점 더
소심해지는 이유는?

혈액형 성격론의 끈질긴 생명력

아직도 혈액형을 묻다니!

"저는 어디 가서 A형이라고 말 안 해요. 소심한 사람으로 찍힐까봐서요."

한 예능 프로그램에 출연했던 남자 연예인의 말이다. 소심한 A형이 어떻게 카메라 앞에 서는 일을 할까 싶지만, 방송국 아나운서 중에서도 A형이 많다는 조사가 있다. 소위 '혈액형 성격론'이다. 서점에도 혈액형 성격론에 관한 책들이 넘쳐난다. 심지어 혈액형에 따른 섭생론 등으로 외연을 확장하기도 한다.

혈액형 성격론은 과학적인 근거가 없는 이론으로 판명난 지 오래고, 관련 학술 논문도 거의 없다. 주류 학술계에서 취급도 하지 않는 혈액형 성격론의 허구성과, 혈액형에 집착하는 한국 사회의 문제점을 이미 여러 차례 언론 보도나 교양 프로그램에서 다루기도 했다. 그럼에도 불구하고 여전히 혈액형 성격론에 의지하는 심리는 '바넘 효과Barnum Effect'로 설명할 수 있다.

19세기 말, 미국의 링링 서커스단 단장 바넘은 신통하기로 소문이 자자했다. 사람의 성격을 정확히 맞히는 능력 때문이었다. 그는 주로 '당신은 소심하지만 때로는 활달한 편입니다'라거나 '당신은 활달하지만 때로는 소심한 편입니다'라는 식으로 말했다. 그러면 사람들은 저마다 자신의 성격을 맞힌 것에 놀라움을 금치 못했다.

대체로 사람들은 혈액형 성격론에서 말하는 네 가지 혈액형의 성격을 모두 가지고 있다. 사람은 때로는 소심하고 때로는 활달하다. 진득하게 하나에 집중하다가도 쉽게 싫증을 낸다. 일관성이 있다가도 제멋대로 굴거나 변덕스럽다. 때로는 좋은 아이디어를 내고 창조적이었다가 너무 개성이 넘쳐나는 때도 있다. 얌전하다가도 광기를 드러내기도 한다. 바늘이 앞뒤만 바꾼 표현으로 사람들의 성격을 맞춘 것처럼, 혈액형 성격론 역시 모두가 가지고 있는 기질들을 네 가지 프레임에 가두어서 끊임없이 재생하고 있는 것이다.

혈액형 성격론은 1880년대 독일에서 우생학적 관점에 의해 발생했다. 칼 란트슈타이너가 1901년에 ABO식 혈액형을 만들었고, 이후의 연구 결과 1910년대 아시아 인종은 B형이 많고, 유럽은 A형이나 O형이 많다는 사실이 밝혀졌다. 유럽인들은 아시아인을 낮추고 백인을 높이기 위해 B형을 열등하게 만들었다. 일본에서도 유럽인과 같이 A형과 O형을 강조하면서 혈액형 성격론이 굳어진다. 그래서 특히 B형 성격론에 대해서는 매우 편파적인 측면이 많다.

독일에서 유학한 후루카와 다케다가 혈액형과 성격론을 연결하는 연구에 동원한 조사 인원은 단 319명이었다. 이 연구 결과를 바탕으로 1970년대에 일본 방송작가 노미 마사히코가 상상력을 가미해 쓴 혈액형 성격론 책이 베스트셀러가 되면서, 혈액형별 성격이 대중의 의식 속에 각인되었다. 현재 우리의 고정관념 속에 자리 잡은 혈액형 성격론은 과학자나 의사가 아닌 일본의 한 방송작가가 풍부한 상상력을 동원해서 쓴 책 한 권에 기인하고 있었던 것이다.

. . .

아마존의 조에족은 모두 A형이다. 같은 종족 내에서만 결혼하는 풍습 때문이다. 그렇다면 조에족 사람들은 모두 A의 성격을 가지고 소심한 공동체 내에서 소심한 문화만을 만들며 살아야 한다. 과거 페루의 원주민도 모두 O형이었다. 그렇다면 그들은 저마다 낙천적으로 평화롭게만 살았을까? 그렇지 않다는 것을 우리 모두 알고 있다.

자꾸 소심하다고 하니 진짜 소심해진다

일정한 틀에 반복적으로 스스로를 규정하다 보면 후천적으로 성격이 변하기도 한다. 혈액형 성격론이 규정하는 대로 나 자신을 맞춰가게 되는 것이다. 그런 점에서 대중매체가 혈액형 성격론을 재생산하는 행위는 그 심각성이 크다. 특히 재미를 추구하는 예능 프로그램일수록 이런 경향이 강하다. 상대방의 혈액형을 물어보면서 혈액형 성격론을 유희의 도구로 삼는 때가 많은데, 특히 남을 골리는 주제로 혈액형이 등장한다. B형 출연자에게 난데없이 '바람둥이' 캐릭터를 부여하고, AB형 출연자에게는 속을 알 수 없는 괴팍한 천재의 상榜을 씌우기도 한다.

드라마 대사 역시 혈액형 성격론의 그늘을 피해갈 수 없다. "난 A형이라 생각을 많이 하고, 다른 사람을 자주 의식하는 편이다"라는 여주인공의 대사는 A형 캐릭터를 정형화하는 데 또다시 기여한다. 심지어 축구 해설위원이 경기 도중 "B형 선수는 성취욕이 강한 반면, O형은 성격은 좋지만 덜렁거리고 종종 집중력을 잃는다"는 식의 평을 한 사례도 있다. 인간관계 경험이 적은 아동과 청소년들이 이렇게 자주 편협한 성격론에 노출되는 것이 인성 발달에 좋은 영향을 미칠 리 없다.

혈액형 성격론은 인권과 교육 차원의 문제를 야기한 지오래다. 아이들은 A형이라 발표에 소질이 없다거나, O형이기 때문에 산만하다고 스스로를 규정한다. 심지어는 혈액형이 진로 선택에도 고려 사항이 된다. 인생의 행로가 주체적이지 못한 요인에 영향을 받게 되는 것이다. 21세기 다원화 시대에 수많은 이들의 다양한 가능성이 혈액형 성격론에 가려 빛을 보지 못한다는 것은 모순이 아닐 수 없다.

2004년 일본에서는 1년 동안 40편이 넘는 혈액형 관련 프로그램이 방영되었는데, 방송 프로그램 윤리증진기구[BOP] 청소년 위원회는 혈액형 성격에 관한 내용이 근거 없는 차별을 일으킬 수 있다는 판단을 내렸다. 해당 프로그램들은 곧 사라졌다. 심지어 일본에서도 자정의 움직임을 보인 지가 오래다. A형은 도대체 언제까지 소심해야 될까. 지금도 미디어에서는 혈액형 성격론이 재생산되고 있을지도 모른다. 우리는 각기 다른 색으로 칠해진 네 개의 감옥에 갇혀 있는 셈이다. 이제 뛰쳐나갈 때도 되었다. 혹시라도 필자의 혈액형을 궁금해 하는 독자가 없기를 바란다.

젊은이들은 왜
섹스를
안 하려고 할까?

섹스리스 증가 현상

아버지처럼 살기 싫었던 초식남들

'초식남草食男'만큼 오해하기 쉬운 말도 없다. 대중매체에 알려진 바로는 초식동물처럼 온순해 결혼에 관심이 없는 남성을 가리키는 말이지만, 초식남이라는 표현에는 사실 여성들의 분노가 담겨 있다.

초식남이라는 말은 2006년 일본의 여성 칼럼니스트 후카사와 마키가 처음 사용했다. 당시 일본 남성들에게는 이성 친구를 사귀는 데 큰 의미를 두지 않거나, 데이트를 해

도 돈을 쓰지 않는 경향이 대거 나타났다. 그 대신 자신에게 투자를 했다. 패션이나 미용, 취미 생활, 공연, 여행에 더 관심을 가졌다. 그들은 여성 앞에서 경제력으로 허세를 부리지도 않았다. 여성을 대신할 상대를 찾기도 했다. 반려동물을 기르는가 하면, 섹스 용품을 구입했으며, 성적 판타지를 충족시켜 주는 영상에 빠져들었다. 심지어 성매매에 탐닉했다. 오타쿠ぉたく 차원의 취미에 허덕거렸다. 여자 친구에게 많은 돈을 들이느니 차라리 자기 편한 대로 살겠다는 의도였다. 남성들이 매우 이기적이고 변태적으로 변한 셈이다. 이를 꼬집는 말이 원래 초식남이었다.

그런데 왜 이런 초식남들이 나타난 것일까. 그것은 바로 일본의 경제 상황과 사회문화적인 인식이 바뀌었기 때문이다. 앞선 세대의 아버지들은 육식남이었다. 즉, 가부장적인 남성 모델을 따랐다. 가장으로서 가족을 부양해야 한다는 생각으로 직장에서는 치열하게 경쟁하면서도 집안에서는 권위를 인정받았다. 자녀의 교육과 부모의 봉양을 위해 뼈 빠지게 일한다는 명목으로 남성의 우월성을 존중받으려 했다. 그러나 이에 시달린 여성들은 황혼 이혼으로 반란을 일으켰고, 바쁜 일과 속에서 얼굴을 잘 볼 수 없던 자식들은 아버지 취급을 하지 않았다. 말년에 육식남들을 기다리는 것은 오갈 데 없이 외롭고 병든 자신뿐이었다. 이를 지켜본 아들 세대는 결혼을 해서 가족을 부양하기보다 자신에게 더 관심을 쏟기 시작했다. 그런 행위에는 언젠가 아내와 아이가 곁을 떠날지도 모르는 가족생활에 대한 공포와 두려움이 도사리고 있었다. 물론 예전과 달리 양질의 일자리가 그렇게 많지도 않았다. 자신 한 몸 건사하기도 쉽지가 않았다. 하지만 무엇보다 결정적인 것은 아버지나 남편상에 대한 바람직한 롤모델이 없었다는 점이다. 그래서 초식남들은 책임질 일을 기피하고 섹스마저도 혼자 해결하기 시작했다.

무기력한 현대인, 섹스보다 '야동'을!

남성은 나이가 들면 테스토스테론이라는 호르몬의 생성이 둔화된다. 하지만 20~30대에게서 호르몬 분비 등 신체적인 문제가 없음에도 성행위를 거의 하지 않거나, 성욕 자체가 없는 '섹스리스sexless 증후군'이 확산되고 있다. 이를 두고 심리적 요인을 들기도 한다. 남성의 경우 육체적 피로와 스트레스를 받으면 뇌하수체에서 프로락틴이 분비되어 성욕을 억제시킨다.

한 조사에 따르면 벤처기업인들 중 섹스리스 커플이 많은데, 벤처기업은 말 그대로 앞날을 예상할 수 없어 그에 따른 스트레스가 크기 때문인 것으로 볼 수 있다. 피로도가 높을수록 자기중심적인 성적 쾌락을 추구하게 된다. 상대를 위해 봉사를 하기보다는 자신이 봉사를 받으려고 하기 때문에, 자칫 성매매의 유혹에 빠져들기도 한다.

어디 젊은이들뿐일까. 2013년 11월 26일, BBC는 영국 정부의 2010~2012년 국민 성생활 조사 결과를 인용해 16~44세 영국인 월평균 성관계 빈도가 4.85회로 2001년의 6.25회보다 줄었다고 전했다. 캐스 머서 UCL 대학 교수는 "일과 돈에 대한 스트레스와 스마트 기기 이용 시간 증가 등으로 성관계를 할 분위기가 아닌 듯하다"고 말했다. 또한 섹스 테라피스트인 드니스 놀스는 "경제 불확실성은 사람들에게 더 나은 다른 직업을 찾도록 만들거나, 직장을 잃은 배우자 대신 더 많은 시간을 일하도록 만드는 경향이 있다"며 "결국 그들은 힘든 하루 끝에 성 관계를 덜 원하게 된다"고 했다. 16~44세 커플 중 상당수가 성관계 대신 스마트폰이나 태블릿 PC를 이용해 온라인으로 섹스 콘텐츠를 보며 대리만족을 하고 있는 것이다. 이는 애인에게 공을 들이느니 스스로 만족해버리고 말겠다는 초식남의 심리와 같았다.

2011년 글로벌 기업 릴리가 국가별 평균 성관계 횟수를 조사한 결과를 보면 포르투갈(주 2.05회), 멕시코(주 2.03회), 루마니아(주 1.96회)가 상위권이었으며 한국(주 1.04회)은 영국(주 1.23회), 핀란드(주 1.21회), 덴마크(주 1.10회)보다 낮은 수치로 같은 하위 그룹이었다. 한국의 섹스리스 부부가 눈에 띄게 늘고 있다는 뜻이다. 2012년 국내 한 통계에 따르면, 섹스리스 부부의 비율은 30%를 넘어섰다. 특히 일과 육아를 병행하는 워킹맘들이 섹스리스로 지내는 경우가 많았다. 그들은 자녀 연령이 낮을수록 성관계를 하지 않았는데, 몸이 피곤하고 귀찮다는 것이 가장 큰 이유였다. 그저 먹고사는 일에 매달리다 보니, 섹스를 할 여유가 없는 것이다.

지금껏 기혼부부에게나 있어왔던 섹스리스 현상은 젊은 세대로 확산되고 있다. 게다가 성 기능 자체도 저하되고 있다. 2009년 9월 서울 성모병원에 따르면 "과거와 달리 발기부전 환자 가운데 30~40대 젊은 층이 전체의 약 10%를 차지할 정도로 늘어났다. 실업이나 경제적인 압박에서 오는 스트레스 때문인 것으로 추정된다"라고 말했다.

경제적으로나 심리적으로 충만한 안정감이 없다면 이성

에게도 위축되기 마련이다. 초식남의 증가와 젊은 세대의 섹스리스 증가 현상은 고비용, 양극화 등으로 끊임없이 우리를 무기력증에 빠뜨리는 사회 불안을 반영한다. 한마디로 '야동'은 늘어나는데 섹스하는 사람은 줄고 있는 것이다. 그에 따라 출산율은 계속해서 저하되고 '야동' 유통이나 성매매 관련 종사자들의 주머니는 두둑해질 것이다. 결국 현실의 이성에게 매력을 느끼지 못하는 악순환이 반복된다.

뚱뚱한 건
자기 관리를
안 한 탓일까?

비만 편견을 조장하는 사회

마르고 싶다, 더 격렬하게 마르고 싶다!

세계적인 명화 속에 등장하는 여성들은 대체로 통통하다. 고대의 여성 조각상은 풍만하다 못해 뚱뚱하다. 희소성의 미학 때문이다. 먹고살기 힘든 시대일수록 부유한 집안의 풍만한 여성을 선호했다. 신윤복의 미인도에도 달덩이 같은 미인들이 주로 등장한다. 당나라 현종을 사로잡은 양귀비도 비만형 미인이었다. 현모양처 역시 보름달 같은 이미지다. 그러다가 식량 걱정을 하지 않아도 될 만큼 경제가 성장하면서 미인의 기준이 갸름하고 마른 몸매로 이동했다. 특히 날씬한 몸매는 건강함과 시간적 여유를 상징하게 되었다. 매스미디어는 영상이나 사진을 통해 마른 몸매 신화를 확산시켰다. 연예인들조차 사진이나 영상을 찍기 위해 단기간에 바짝 다이어트를 하는데, 그것을 일반인이 흉내 내어 헌혈조차 하지 못하는 영양 상태에 이르게 되었다. 더구나 항상 예민하고 불안한 성격의 소유자가 되었다. 반면에 비만은 게으름과 무절제의 이미지로 전락했다. 그러다 보니 인체라는 유기적인 집합체의 일부인 '살'은 뚝 떼어서 버리고 싶을 정도로 혐오스러운 자학의 대상이 되고 있다.

영국 런던 대학 보건 역학팀이 22개국 남녀 대학생 1만 8512명을 조사해 2006년 국제 비만 학회지에 발표한 「국제 건강 행태 연구」 결과를 보면 비만도를 보여주는 체질량지수는 한국 여대생이 22개국 중 19.3으로 가장 낮았지만 다이어트 중인 여학생은 77%로 1위를 차지했다. 사실상 살을 빼지 않아도 되는 사람들이 다이어트를 하고 있는 것이다.

지방, 탄수화물이 주로 표적이 되는 각종 다이어트법은 심각한 영양 불균형을 초래하고 있다. 살과 함께 생명도 다이어트하고 있는 셈이다. 그 사이에 다이어트 산업은 부를 쌓는다. 그런 점에서 비만을 희화화하고 날씬함을 찬양하는 미디어 역시 다이어트 산업과 공생하고 있다는 혐의를 피할 수 없다. 개그 프로그램에도 뚱뚱한 이가 등장해 음식을 소재로 개그를 펼치는 것을 종종 볼 수 있다. 식탐을 희화화하거나 우스꽝스러운 분장으로 비만 상태의 몸을 극대화하는 식이다.

굳이 탓을 하자면, 내 탓만은 아니야

비만이 유전자 탓이라는 연구 결과는 많다. 2013년 케임브리지대 연구팀은 《세포저널》을 통해 신진대사를 늦추고 비만을 유도하는 변이 유전자를 발견했다고 밝혔다. 'KSR2'에 이상이 생기면 신진대사가 느려지고 쉽게 배고파지며 먹고 싶은 욕구도 커지는 가운데 움직이기 싫어지기에 살이 찐다는 것이다. 페닌슐라 의대 해터슬라이 박사와 옥스포드 대학 매커티 박사팀이 《사이언스》에 발표한 연구 결과를 보면 'FTO^fat mass and obesity associated'라 불리는 유전자가 비만을 유발했다. 약 3만 9천 명의 백인 유럽인을 대상으로 진행한 연구에서 FTO 유전자가 존재하는 사람들이 비만이 될 위험이 컸다. 즉, 생물학적으로 더 많이 먹게 프로그램이 되어 있었다. FTO 두 쌍을 가진 사람은 이 유전자가 없는 사람보다 비만이 될 위험이 70%가량 높았다. 더구나 몸무게도 3킬로그램가량 더 나가는 것으로 나타났고, 당뇨병 발병 위험도 40%나 높았다. FTO 한 쌍을 가진 사람과 비교해서도 비만이 될 위험이 30%가량 높았다. 배가 고프지 않아도 간식으로 과일·야채보다는 초콜릿이나 케이크를 선택하고 평소 사과보다 감자 튀김을 선호하는 사람들이 있는데, 이를 가리켜 '음식 기호'나 '취향'이라고 하지만 실제는 유전자가 시킨 선택일 가능성이 높다.

한편 살이 안 찌는 체질도 존재한다. 미국 캘리포니아대 샌디에이고 캠퍼스 랜달 존슨 교수팀은 지방 덩어리인 음식을 아무리 먹어도 날씬한 몸매를 유지할 수 있는 체질은 따로 있다는 사실을 입증했다. 몸을 저低산소 상태로 유지할 수 있는 체질은 많이 먹어도 살이 찌지 않는다는 것이다.

마음이 배고파도 살은 찐다

우리는 선천적으로 폐가 약해 천식을 앓는 사람이나 아토피가 있는 사람을 자기 관리 탓으로 돌리지는 않는다. 비만도 마찬가지다. 비만은 선천적으로 취약한 요인에 의해 발병하는 것이지 개인이 스스로를 방치한 결과가 아니다. 더군다나 무엇보다 비만을 일으키는 데 결정적인 기여를 하는 사회경제적 요인을 배제한다면 개인에게 너무도 억울한 굴레를 씌우는 셈이 된다.

스트레스가 큰 사회 구조와 시스템에 놓이게 되면 사람은 가장 원초적이고 손쉬운 저항의 방식으로 무언가를 먹게 된다. 불경기에 군것질이 느는 까닭은 사람들이 고칼로리 음식을 통해서라도 만족감을 느끼려는 경향이 있기 때문이다. 미국 심리학회에서 조사한 결과 경제 위기로 스트레스를 느끼는지 물었더니 여성의 84%, 남성은 75%가 두려움을 느낀다고 했다. 이 연구를 담당한 스미스 박사는 "사람들이 스트레스를 대체로 폭음과 폭식으로 풀려고 한다"고 했다. 그는 좋은 취미 및 사회 참여 활동 유지, 매일 일정 부분 자신을 위한 시간 할애, 적절한 운동과 수면, 친구나 애인과의 대화, 전문가의 도움 등으로 스트레스를 풀 것을 제안하기도 했다. 하지만 경제 불황의 위기에 직면한 사회라면 과연 각 개인이 이를 제대로 실천할 수 있는 여유가 있을까.

벨기에의 루벤 대학교 연구팀에 따르면 스트레스를 받은

사람들은 본능적으로 아이스크림과 같은 지방이 많은 음식을 찾았다. 또한 30~55세 여성 230명의 생활 습관을 1년 여에 걸쳐 관찰한 결과, 직장 일에 지친 여성들이 '감정적 식사'에 더 잘 빠지는 것으로 드러났다(핀란드 직업 건강 연구소,《미국 임상영양학》, 2012). 감정적 식사란 진짜 배고파서가 아니라 감정에 이끌려 허기를 느끼고 이를 채우기 위해 먹는 것이다. 실험 참가 여성 다섯 명 중 한 명은 직장 일에 회의를 느끼고 있었고, 스트레스를 받으면 배가 고프지 않아도 군것질을 하는 습관을 갖고 있었다. 이는 당연히 비만을 낳는다.

비만은 혹사당하는 이들의 산 증거이다. 닫힌 공간에서 자기 시간을 많이 쓸 수 없는 사람들이 값싼 인스턴트 음식이나 고칼로리 간식을 자주 먹고 비만의 위험에 처한다. 현대 사회는 날씬한 몸매의 소유자들이 내뿜는 빛이 아니라 그들의 희생 속에 유지되고 있는 것이다.

남자는
유전자 때문에
일찍 죽는다고?

남성의 수명에 영향을 미치는 요소들

조선 시대 내시들은 장수했다

남성의 수명은 대체로 여성보다 짧다. 주위를 둘러봐도 독
거노인 중에는 할아버지보다 할머니가 더 많다. 이에 대해
일본 도쿄 의치대 연구팀은 "일반적으로 여성이 남성보다
오래 사는 이유는 바로 '면역 시스템'의 노화 차이에 있다.
(…) 정확한 이유는 알 수 없으나 에스트로겐 같은 여성 호
르몬의 영향 때문일 수 있다"고 밝혔다. 호주 모나쉬 대학
연구팀 역시 '미토콘드리아'라는 DNA 변이가 남성의 노화

를 촉진시키기 때문에 남성의 수명이 짧을 수 있다고 밝혔다. 한마디로 남녀의 유전자 차이 때문이라는 것이다.

그렇다면 남성 호르몬 분비가 덜한 내시內侍의 경우는 어떨까. 2012년, 인하대 민경진 교수와 고려대 이철구 교수가 조선 시대 내시와 양반의 평균수명을 비교·분석한 결과 내시가 양반에 비해 최소 14년을 더 오래 산 것으로 나타났다. 조선 시대 환관 족보를 분석해보니 내시들의 평균수명은 무려 70세에 달했다. 반면 양반 가문의 평균수명은 51~56세였다. 고환 제거로 남성 호르몬이 줄어들면 수염, 근육, 거친 목소리 같은 남성의 2차 성징이 덜 뚜렷해진다. 그래서 번식에 쏟는 에너지를 비축할 수 있다. 반면에 보통 남성의 경우 자식을 낳고 기르는 번식 활동이 이루어지면 그만큼 많은 자원이 번식에 투자되어 몸을 유지·관리하는 데 투자되는 자원은 줄어든다. 따라서 노화가 빨리 일어나고 수명이 줄어든다.

정자를 만들어내는 작업 자체는 막대한 에너지가 들어가는 일이다. 그래서 성생활의 남용이나 지나친 억제 모두 수명에 부정적인 영향을 준다. 미국 콜롬비아대 성인지 의학 전문가인 마리안 레가토 박사의 책 『왜 남자가 먼저 죽는가Why Men Die First』에 따르면 여자의 성염색체는 XX형으로

X 유전자가 두 개이지만, 남자는 XY형으로 X 유전자와 Y 유전자가 각각 하나씩이어서 여성보다 질병에 취약하다. Y는 X보다 크기가 반 정도 작은데 여성의 유전자가 손상되면 여분의 X가 이를 보완하지만 남성은 그렇지 않다. 유전자의 변이도 Y가 X에 비해 3~6배 더 많아 이러한 유전적인 결함이 남성을 태아기의 유산, 감염, 선천적 결손, 암 등에 더 취약하게 만든다. 심장 질환의 70~89%도 남성에게서 발병한다. 또한 심장동맥 질환으로 사망하는 비율도 남자가 3배 더 높다. 여성호르몬인 에스트로겐은 여성이 중년이 될 때 심장 질환을 막아주지만 남성은 그렇지 않다. 그럼에도 불구하고 잦은 술자리 등으로 콜레스테롤이 많은 음식을 먹거나 흡연을 하는 쪽은 주로 남성이다.

2013년 1월, 미국 보건 분야 리서치 기관인 국립 연구소와 의학 연구소에서 서유럽 등 17개 선진국을 대상으로 조사한 결과 미국 남성의 기대 수명은 조사 대상국 중 가장 적은 75.6세, 여성의 기대 수명은 두 번째로 적은 80.7세였다. 이는 다른 국가에 비해 월등히 높은 변사율 때문이다. 각종 사고로 인한 죽음이 많은 것이다. 이 외에 높은 비율의 유아 사망, 에이즈 발병, 비만, 알코올·약물 연루 등도 미국인의 사망 시기를 앞당기는 요인으로 분석되었다. 남성들은 어린 시절부터 모험적이고 무모한 일들을 즐긴다. 따라서 사고의 위험이 크다. 또한 스트레스를 알코올·약물, 니코틴(담배) 등으로 풀며 몸매 관리에 신경을 쓰지 않으므로 음식을 마구 먹는 경향이 있다. 미 국가안전위원회의 통계에 따르면 총기류 사고 사망자의 82%, 자전거 사고 사망의 87%가 남성이다. 2006년 음주운전 사고 등 충돌 사고의 81%가 남성 때문에 일어났다.

의사 결정, 판단 능력과 관련된 뇌의 발달은 남성이 더 더딘 편인데 위험한 행동들은 더 많이 하니 사고로 인한 사망률이 높은 것이다. 발달장애의 위험 역시 여아보다 남아에서 3~4배 더 많이 일어난다는 연구 결과도 있다. 그런데 주의력결핍과잉행동장애^{ADHD}, 통제 불능, 말더듬, 뚜렛장애 등의 징조가 나타나도 단지 '씩씩하고 남자다운 행동'으로 간주해 위험을 모르고 지나치는 경우가 많다.

우울하다는 말 대신, 복통을 호소하는 남자

남성은 태어나면서부터 '겁쟁이가 되면 안 된다'라든지 '태어나서 세 번 우는 것이 남자다'라는 식의 교육을 받기 때문에 주위에 도움을 요청하는 것을 어려워하고, 병원에 가는 것조차 '약하다'는 것을 인정하는 행위로 여기는 경향이 있다. 그래서 배우자의 강압에 못 이기거나 상태가 극도로 나빠졌을 때쯤 병원을 찾는다. 나이에 상관없이 남성이 여성보다 자살을 많이 하는 것도 이런 맥락에서 이해할 수 있다. 콘스탄체 뢰플러 등이 쓴 『남자, 죽기로 결심하다』에는 '자살의 주요 원인이 되는 우울증 환자 비율은 여성이 두세 배 높은데, 자살률은 왜 남성이 두세 배 더 높을까?'에 대한 답을 다음과 같이 제시한다.

"남성의 높은 자살률은 의료 통계로 잡히지 않는 남성 우울증이 광범하게 존재함을 방증한다. 게다가 남녀가 똑같은 증상을 호소해도 남성은 우울증으로 진단받는 비율이 더 낮기 때문이기도 하다."

그렇다면 남성의 우울증이 통계에 잡히지 않거나 제대로 진단되지 않는 이유는 뭘까? 그것은 바로 남성 우울증이 초기 단계부터 여성 우울증과는 다른 양상을 보이기 때문이다. 남성들은 두려움, 불안, 무력감을 느끼는 것을 말하는 대신 복통, 성욕 감퇴와 같은 신체 불편을 호소한다. 남성이 심리적인 문제를 주변에 말하면 '그렇게 해서 남자가 어떻게 살겠느냐'는 대답이 돌아오기 일쑤다. 결국 가면 속으로 증상을 감추고 신체적인 문제만 표면에 남기는 것

• • •

이다. 그래서 의사들은 위 기능 장애, 심박동 장애, 알코올 중독 등의 진단을 내리게 된다. 여기에 더해서 승리에 대한 욕망, 무모하고 공격적인 운전, 안전 규칙과 절차 무시, 잦은 흥분과 격정적인 일 처리 등도 남성을 위험하게 만든다.

여성들은 수다를 통해 스트레스를 풀고 문제 해결 방법도 찾는 경향이 있다. 영국의 사회사업가 힐러리 코탐은 영국 노인들을 대상으로 한 연구를 통해 '장수하는 이들은 친구들과 공감할 수 있는 주제로 수다를 많이 떤다'고 밝혔다. 그래서 그는 '행복한 노후를 보내려면 여섯 명 이상의 친구를 가져라'고 권유했다. 하지만 남성들은 갈수록 마음을 터놓고 대화를 나눌 수 있는 사람이 줄어든다. 성공에 대한 욕망이 클수록 경쟁의 대상이 많아지기 때문이다.

우리가 드라마나 영화 등 대중매체를 통해 흔히 접하는 '영웅'이나 '상남자' 캐릭터들이 할아버지가 되었을 때를 상상해보라. 아마 쉽게 떠오르지 않을 것이다. 사회문화적인 '남성다움'에 충실할수록 수명은 줄어든다. 유전자나 성호르몬은 불꽃 같은 남자의 일생을 모두 설명해주지는 않는다.

대머리를 보면
왜 웃음이
나올까?

**탈모증 환자를 조롱하는
한국인의 편견**

"대머리는 신과 같은 존재"

1624년, 루이 13세는 22세의 젊은 나이에 대머리가 되었다. 정치적인 난제도 많은 데다가 아내는 바람을 피우기도 했다. 즉, 그가 대머리가 된 것은 바로 스트레스 때문이었다. 그는 대머리를 가리기 위해 가발을 착용했고, 전 유럽으로 가발 문화가 퍼져 나갔다. 루이 14세는 가슴까지 내려오는 가발을 착용했다. 가발은 매우 화려해지고 고급화되었으며, 어느새 남성다움의 상징이 되었다. 만약 루이 13

세가 당당하게 자신의 대머리를 내세웠다면, 대머리를 드러내는 스타일이 유행했을지도 모른다.

한편 기원전 5세기 그리스 키레네의 시네시오스는 『대머리 예찬』에서 스승이자 소피스트였던 디온의 '머리카락 예찬'에 대한 반론을 펼쳤다. 그는 "지성이란 열매는 머리에서 불필요한 장식을 떼어낸 뒤에야 맺을 수 있다"라고 했다. 하늘의 뜻을 따르는 이집트의 사제는 머리는 물론 눈썹까지 밀어버렸다는 점을 강조하기도 했다.

그는 "대머리는 신과 같은 존재이다. 어느 학자 중에 대머리가 아닌 사람이 있느냐?"고 했다. 심지어 "털 많다는 것은 곧 지성이 모자라다는 것을 의미한다"거나, "털 많은 개는 멍청하고 사납기만 하다"고 말하기도 했다.

매년 10월이면 탈모 환자가 급증한다고 한다. 건조한 가을 날씨가 되면, 여름 내내 강한 자외선에 노출되었던 두피가 자극되고, 땀과 피지를 잘 씻지 않으면 지성 비듬이 생겨 탈모가 생기기 쉽다. 또한 피서 때 수영장 물이나 바닷물의 염소 성분이 두피에 닿으면 탈모를 부추긴다. 찬바람이 불면 세포 증식력이 떨어져 머리카락이 더 빠지기도 한다.

환절기에는 남성호르몬 테스토스테론testosterone의 분비가 일시적으로 증대된다. 테스토스테론은 전립선에서 5알파

환원효소^{5alpha reductase}를 통해 디하이드로테스토스테론^{DHT,} _{Dihydrotestosterone} 으로 전환된다. DHT는 머리카락의 모낭에서 모발 생성을 저하시킨다. 따라서 DHT가 많아지면 모발이 가늘어지고 심지어 빠진다. 테스토스테론은 가을 초입에 일시적으로 많아지고, 이 때문에 DHT 생성도 많아지면서 머리카락이 더 많이 빠지게 된다.

탈모증, 잘못 놀리면 살인까지 부른다

탈모는 유독 매력을 떨어뜨리는 치명적인 결점으로 치부된다. 연애나 결혼 상대 앞에서는 물론이고 사회생활을 할 때도 불이익을 당한다. 그러다 보니 알게 모르게 피해 의식이 쌓이고, 심지어는 자신의 대머리를 희화화한 것에 앙심을 품고 살인까지 저지르기도 한다.

2003년 6월, 서울 석촌 호수 인근 포장마차에서 인터넷 동호회 회원들끼리 술을 마시다가 대머리라고 놀리는 전씨를 대머리인 홍 씨가 흉기로 찔러 숨지게 했다. 당시 언론에서는 전 씨가 여성들 앞에서 가발을 벗기는 바람에 홍씨가 수치심을 느껴 전 씨를 살해했다고 보도했다. 다만, 1년 뒤 서울 남부지방법원은 모 방송사에 전 씨 유족들에게

2천만 원을 물어주라고 판시했다. 전 씨가 홍 씨의 가발을 의도적으로 벗긴 게 아니었으므로 방송사의 왜곡 보도에 대한 배상금 차원이었다. 그런데 이때 대머리 살인범의 선처를 바라는 탈모증 네티즌들의 탄원서가 법원에 제출되었다. 탄원서를 제출한 네티즌 가운데 하나는 "나 역시 친구들이 대머리라고 놀릴 때마다 너무 원망스러웠다. 이러한 점들을 감안해 선처가 필요하다"고 말했다.

2004년 9월에도 비슷한 사건이 일어났다. 다만 청부 살인 의뢰라는 점이 세상을 놀라게 했다. 강원지방경찰청 사이버범죄 수사대에 따르면 김 씨는 자신을 대머리에 뚱뚱이라고 놀리는 중학교 동창 박 씨를 살해해달라고 400만원을 주고 청부 살해를 의뢰했다. 실제 살해는 일어나지 않았지만 의뢰자 김 씨는 징역 10월에 집행유예 2년에 처해졌다. 얼마만큼의 수치심을 쌓아왔길래 이런 시도를 했을까?

탈모증에 대한 부정적인 인식은 한국이 유독 심하다. 한 결혼정보 회사의 조사에서 여성이 꺼리는 남성의 조건으로 '탈모'를 꼽은 경우가 53%였다. 이런 인식은 드라마나 영화에도 반영되기 일쑤다. 주로 부유한 맞선 상대가 대머리인 것이 드러나 여성이 자리를 박차고 나오는 식이다. 개그 프로그램에서도 대머리 분장은 잊을 만하면 나오는 필

수 코드 중 하나다. '빛나리', '문어 대가리', '까진 대머리'라는 단어나 '공짜를 좋아하면 대머리가 된다'는 등의 말은 모두 탈모증 환자들을 놀리거나 조롱하는 말이다.

운동 잘하는 멋있는 남자 vs 스님 혹은 노인

대머리는 왜 부정적인 이미지와 함께 꺼리는 대상이 되었을까. 일단 대머리 남성에 대한 이미지는 동양과 서양이 다르다. 한때 각국의 여성들이 나와서 토크쇼를 벌이는 '미녀들의 수다'라는 프로그램이 있었다. 여기서 대머리가 화제에 오른 적이 있었는데, 캐나다 출신의 제니퍼는 "캐나다 영화나 드라마 보면 코치나 감독이 대부분 대머리 남자고 스포츠 선수 이미지가 있어 멋있어 보여요"라고 했다. 우크라이나 출신 이바나도 "운동 잘하는 사람은 대머리 스타일"이라고 했다. 하지만 태국 출신의 차녹난은 "아시아 남자가 대머리면 스님"으로 간주한다고 했다. 중국인 은도령도 "소림사 생각나요. 여섯 개 점 찍고…"라며 불공을 드리는 스님의 동작을 취했다. 이는 한국이나 일본 여성들도 다르지 않다. 동양 여성들은 대체적으로 이런 프레임에서 자유롭지 못하다. 결국 대머리는 드라마, 영화 그리고 스포츠 같은 대중문화 속의 이미지와 맞물려 있다. 대머리의 이미지는 나이 많음의 상징으로 사용되기도 했다. 그래서 드라마나 영화, 만화에서 주로 장년이나 노년층 캐릭터에 대머리라는 설정을 집어넣었다. 또한 불교를 억압하는 사회 풍토에서 탈모증의 남성들은 '중'이라며 놀림의 대상이 되었다.

하지만 탈모는 이제 나이 든 남성에게만 나타나는 현상이 아니다. 한 두발업체 조사에 따르면, 20대 남성들 가운데 17%가 탈모 예방을 위해 한 달에 10만 원 이상의 비용을 지출하고 있었다. 이는 탈모에 대한 공포 때문이다. 20~30대 젊은 탈모 환자가 급증해 전체 환자의 50%를 차지한다는 의료기관의 통계 수치도 있다. 여성 탈모 역시 급증하고 있다. 대한모발학회는 원형 탈모 환자 5명 가운데 한 명이 여성이라고 밝힌 바 있다. 무리한 다이어트나 편식이 탈모를 일으키기도 하고, PD, 작가, 디자이너 등 밤낮이 바뀌는 직종에 종사하는 여성들 역시 탈모의 위협에서 자유로울 수 없다.

탈모는 의학적 치료가 필요한 질환이다. 게다가 '인류의 난제'라 불릴 만큼 근본적인 치유가 어렵다. 탈모증을 가진 이들을 대머리라고 놀리거나 조롱하는 것은 당사자도 어쩔 수 없는 신체 변화에 대한 인신공격이 된다. 무엇보다 탈모는 문명이 발달하고 스트레스와 노동 강도가 더해질수록 심해질 것이다. 이제는 대머리에 씌웠던 낡은 프레임을 벗길 때가 되었다. 혹시 은연중에 초기 탈모가 진행되는 친구를 놀린 적은 없었는지 가슴에 손을 얹어보자.

2장 · 뒷담화가 좋아

왜 내가 없을 때
내 욕을
하는 걸까?

집단주의 문화와 뒷담화

자리를 비우는 순간, 뒷담화가 시작된다!

기원전 1550년경에 쓰인 이집트 상형문자에는 "어느 노예
가 이웃 간에 주인에 대한 험담이 오가는 것을 듣고 알렸
다"는 내용이 있다. 뒷담화가 얼마나 유서 깊은 문화인지
알 수 있는 자료다.

뒷담화는 당구 용어 '뒷다마'에서 유래했는데, 큐대로 친
공이 겨냥한 공에 바로 맞지 않고 당구대 벽을 치고 뒤에서
맞는 것을 말한다. 2004년의 한 학술지 논문에 "자리에 없

는 사람에 대한 이야기가 성인 대화의 60% 이상을 차지한다"는 추정치가 있는 것으로 보아 뒷담화 문화는 여전히 건재하다. 술자리에서는 자리를 비우면 안 된다는 농담 아닌 농담도 있다. 2013년 취업 포털의 공동 조사에서는 직장인 54.6%(513명)가 '뒷담화를 한다'고 답했고, 남성 47.7% 여성 59.6%로 여성 직장인에게서 더 높게 나타났다.

동서양을 막론하고 뒷담화를 하는 이유는 친밀감과 동질감을 느낄 수 있기 때문이다. 영국 옥스퍼드 대학의 생물학자 던바르는 인간이 친교의 수단으로 험담을 사용해왔다고 말했다. 뒷담화를 나누는 사람들끼리는 강한 응집력과 결속력을 다질 수 있다. 뒷담화는 은폐된 공간에서 하기 마련인데, 사적인 비밀 공유는 관계 유착의 핵심이며, 팀워크의 실체라고 평가하는 이들도 있다. 심리학자 프리츠 하이더의 균형 이론을 적용하는 예도 있다. 한마디로 사람 사이의 무너진 균형을 뒷담화로 대항해 회복하려는 것이다. 뒷담화는 즐거움과 위안을 주기도 한다. 감히 할 수 없는 말을 털어놓으며 짜릿한 쾌감을 느끼기도 한다. 또한 자아의 가치도 상승하는 듯한 기분을 안겨준다. 자신의 자아가 누군가에 의해 훼손되는 것을 속으로 삭이며 기정사실이 되므로, 자아 훼손을 회복하기 위한 수단으로 험담을 취하는 것이다. 그런 면에서 잘나가는 사람에 대한 이유 없는 험담 역시 일종의 자아 지키기일 수 있다. 이는 연예인에 대한 뒷담화, 즉 연예인 X파일 같은 찌라시에 관심을 보이는 심리에서도 확인할 수 있다.

심리학자 콜린 질은 "뒷담화를 하는 것은 스트레스와 불안을 감소시켜주는 세로토닌 같은 긍정적인 호르몬의 수치를 높여준다"고 했다. 부정적인 감정을 배출해 정신의학상 '정서적 환기(벤틸레이션) 효과'를 볼 수도 있다. 누군가의 나쁜 행동을 비판해 부당하게 이용당하는 것을 막기도 한다(미 버클리 캘리포니아 대학 연구팀,《성격 및 사회심리학》, 2012년). 연구팀의 사회심리학자 로브 윌러 교수는 "뒷담화는 사회적으로 비난을 받지만, 한편으로는 사회 질서 유지에 비평적 역할을 한다는 증거를 찾았다"며 "잘못된 일을 한 사람의 행위를 퍼뜨리는 것은 기분을 나아지게 함과 동시에 불안을 잠재우는 역할을 한다"고 했다.

보이지 않는 규율, 혹은 간접적인 경고

한편 뒷담화는 평판 퍼트리기의 심리와 닿아 있다. 진화생물학의 관점에서 볼 때, 평판 퍼뜨리기는 공동체의 원활한 유지와 관련이 있다. 존 휘트필드는 『무엇이 우리의 관계를 조종하는가』에서 선행을 장려하고 악행을 방지해 더 나은 사회를 만드는 것이 평판의 힘이라고 했다. 평판은 칭찬, 소문, 뒷담화 등으로 퍼져 나간다. 그런 뒷담화의 내용을 가만히 들어보면, 조직이나 공동체의 가치 및 규범이 들어 있는 경우가 많다. 해야 할 일과 하지 말아야 할 일, 그리고 사람에 대한 품성이나 인격이 어떠해야 하는지를 거꾸로 알 수 있는 것이다. 미국의 사회심리학자인 조녀선 하이트가 바로 이 부분을 예리하게 지적하고 있다.

"한담閑談은 대단히 중요한데, 주로 타인의 도덕적, 사회적 위반 행위에 관한 것이 대부분이다. 타인의 선행에 관한 한담은 10%에 지나지 않는다. 한담은 타인의 관심을 협력의 위반과 사회적 규범의 훼손으로 이끈다는 점에서 '경찰이나 교사'와 같은 역할을 한다. 직접적 징벌은 비용이 많이 드는 데 반해 소규모 사회의 경우 한담은 저비용으로도 비협력자 무리의 행동을 변화시키기에 충분하다."

뒷담화는 보이지 않는 규율의 역할을 하면서 서로 조심하는 기제가 될 수 있다. 특정 사람에 대한 뒷담화를 한다는 것은 뒷담화를 듣는 사람들에게도 그렇게 하지 말라고 넌지시 경고하는 행위가 될 수 있는 것이다.

그런데 한국인들이 유독 다른 나라 사람들보다 뒷담화를 자주 한다는 지적이 있다. 2009년 한국과 미국 직장인을 조사한 결과 80.2%의 뒷담화를 경험한 한국 직장인이 22.1%의 미국인보다 약 4배 많았다. 한 전문가는 "한국과 미국 직장인이 다른 이유는 문화적 차이 때문이다. 집단주의 문화인 우리는 집단을 앞세우며 네 편 내 편으로 나누는 끼리끼리 문화에 젖어 있다 보니 왕따 당하지 않으려면 뒷담화 기술을 적당히 익히는 것도 필요하다"고 말했다. 무리에서 배제되지 않기 위해 뒷담화를 하는 것으로 파악한 것이다. 한편 일본 메지로 대학 심리학 교수인 시부야 쇼조는 『야심만만 심리학』에서 "험담이나 소문을 말하기 좋아하는 사람은 칭찬받고 싶은 사람"이라고 했다. 험담이나 뒷담화를 하는 이들에게는 인정 욕구가 있다. 자신이 다른 사람들과의 관계에서 얼마나 힘든가를 알아달라는 마음이 강한 것이다.

남을 의식하는 경향이 강한 한국인은 외부의 평가와 인정을 중요하게 여긴다. 서울 등 대도시를 중심으로 한 좁은 지역에서, 인구 과밀화가 심한 곳에 살기 때문에 경쟁이 심해지고, 그럴수록 뒷담화는 활발해진다. 약자로 내몰리거나 의사표현을 제대로 할 수 없을 때 뒷담화로 풀 수밖에 없는 것이다. 부와 권력을 가진 강자들은 뒷담화를 할 필요가 없다. 앞에서 바로 말하면 된다. 하지만 그렇지 못한 사람들은 다른 사람의 평가에 휘둘리고 인정에 목말라한다. 동의하지 않는 뒷담화에도 맞장구를 칠 수밖에 없다. 그에 따라서 취직이나 연봉 협상, 승진 등 생존이 결정되기 때문이다.

발음이 안 좋으면
영어를
못하는 걸까?

영어 노이로제와 콩글리시

오렌지 아니죠, 아륀지 맞습니다

우리는 언젠가부터 자발적으로 영어에 종속되었고, 일상적
으로 영어를 사용하고 있다. 이런 한국의 영어 추종 문화는
고려 후기 몽골어가 끼친 영향력에 비견할 정도다. 1991년
MBC 드라마 〈여명의 눈동자〉에서 배우 박상원이 구사한
영어는 전형적인 콩글리시였다. 하지만 그의 콩글리시를
문제 삼는 이야기는 없었다. 그러나 2004년 〈러브 스토리
인 하버드〉에 출연했던 김래원과 김태희는 논쟁에 시달렸

다. 특히 서울대 출신 배우 김태희에게는 더욱 심했다. 그때 영어 실력의 기준은 발음이었고, 그 기준은 미국식 발음이었다. 이는 하나의 상징이자 신호였다. 이후 한류 열풍과 더불어 배우나 가수의 영어 노이로제는 더욱 강화되었다. 2000년대 중반부터 불어 닥친 해외 교포 출신 엔터테이너들의 국내 러시 현상은 이런 맥락에서 일어났다.

초기 한류 스타들이 해외 활동을 펼칠 때 가장 큰 장애 가운데 하나는 언어였다. 현지 팬들은 자신이 좋아하는 한류 스타들과 대화를 나눌 수 없는 것에 실망을 했다. 이런 점은 아이돌 스타일수록 강하게 나타났다. 간단한 대화 정도만 해도 친밀감을 높일 수 있겠지만, 얼떨결에 해외 무대에 서게 된 초기 한류 스타들에게는 이마저도 용이하지 않았다. 그런데 아이러니하게도 그들이 부른 노래들은 온통 영어 가사로 도배질이 되어 있었다. 현지 팬들 입장에서는 노래에 영어가 많아 어학 수준이 높을 것으로 기대했지만, 정작 그들은 일상적인 커뮤니케이션도 힘들어했다. 이런 상황이 벌어진 이후로 엔터테인먼트 관련 학과나 기획사에서는 본격적으로 영어 공부를 시키기 시작했고, 영어를 모국어처럼 구사하는 교포 2세나 '외국물 좀 먹은' 이들을 아이돌 그룹 멤버로 받아들이기 시작했다.

• • •

이런 가운데 싸이의 행보가 눈에 띄었다. 그가 부른 '강남 스타일'은 한국어 가사를 기본으로 하되 간단한 후렴구에만 영어를 사용했다. 즉, 쓸데없이 영어를 남발하지 않았다. 현지 공연에서도 영어로 바꿔 부르지 않았다. 그렇다고 싸이가 영어를 못하는 것은 아니었다. 그가 영어로 현지인과 자연스럽게 대화하는 모습은 미디어를 통해 자주 노출되었다. 싸이는 한류 스타들이 가지고 있던 커뮤니케이션의 한계를 쉽게 넘나들었다. 영어 가사로 가득한 노래를 부르지만, 소통에는 어려움을 겪는 가수들과는 정반대의 전략을 취한 것이다.

콩글리시 좀 쓰면 어때?

언론 매체 가운데는 영어를 잘한 역대 대통령 순위를 매기기도 한다. 그런데 여기서 영어를 잘하는 능력의 기준은 발음, 억양, 호흡 등에 치우쳐 있고, 무엇을 설득력 있게 말하는가는 빠져 있다. 즉, 메시지에 대한 평가를 부차적으로 보는 것이다.

한국의 대학과 대학원 강의 때도 마찬가지이다. 영어 관련 학과의 전공 수업임에도 불구하고 내용보다는 미국식 영어 발음이나 억양에 가까운지가 중요하다. 학생들도 발음과 억양에 자신 있는 학생들만 발언한다. 미국에서 학위를 받았다는 이유로 교수 임용 시 여러 면에서 유리한 점수를 받는 것은 물론, 발음이나 억양이 좋은 이들이 채용에서 우선순위에 배정받는다.

영어는 하나의 권력이며, 왕따와 배제의 핵심 수단이 되었다. '네이티브 스피커'에 근접한 수준이라는 알 수 없는 유령 때문에 막대한 경제 자원이 동원되고 있다. 이런 상황에서 무엇보다 없어져야 할 단어는 콩글리시다. 미국의 첨단산업을 움직이는 인도인들은 미국이나 영국식 영어가 아닌 인도식 영어를 사용한다. 그렇다고 그들이 무시를 받지는 않는다. 한 사람이 가지고 있는 능력이나 콘텐츠가 우월하다면 그의 발음에 신경 쓰지는 않는 것이다.

국문학과의 경쟁률이 낮아지고, 없어지기까지 하는 것은 어찌 보면 당연한 수순이다. 한편으로 일선 기업의 취업 담당자들은 신입 사원들의 한국어 글쓰기 능력이 갈수록 저하되는 통에 골머리를 앓고 있다. 어학 점수와 발음은 나아졌는데, 한국어 구사력은 떨어졌기 때문이다.

이렇게 본다면 한국어 교육을 제대로 받으려는 다문화 가정의 아이들이야말로 한국어를 사랑하는 애국자들이다.

• • •

케이팝을 좋아해 한국어를 학습하는 동남아시아 몽골 청년들이 대한민국 국민이고 대통령이다. 몽골 사람들이 한국어를 배우는 역전된 상황에서 한국인들은 영어에 목을 매고 있다. 문화 주권을 방기한 채 말이다.

한국 드라마에
출생의 비밀이 많은
까닭은?

━━━
한국 사회에 현존하는 혈통 중심주의

━━━
"내가 네 애비다"

출생의 비밀은 소위 막장 드라마를 대표하는 코드다. 출생
의 비밀이 등장할 때마다 매체에서는 비판의 화살이 쏟아
지지만, 한국 드라마의 시청률을 좌우하는 가장 대중적인
코드임에는 틀림없다. 이를 길티 플레저guilty pleasure, 즉 욕하
면서도 향유하는 심리와 연관지어 생각해볼 수도 있다. 그
렇다면 무엇이 한국인, 특히 40~60대 여성들을 이렇게 출
생의 비밀 속으로 빠져들게 하는 것일까.

• • •

출생의 비밀 중 가장 전형적인 유형은 '왕자와 거지형'이다. 가난한 집안과 부유한 집안의 자제가 신분이 뒤바뀐 채로 살아가다가 진짜 부모를 찾는 식이다. 여기서 부유한 정도는 주로 '아줌마'를 외치면 주방에서 누군가가 물 한 잔을 바로 내올 수 있는 넓은 거실과 대리석 식탁을 갖춘 공간으로 표현된다. 이런 공간에 사는 이들에게 적합한 직함은 역시 대기업 회장과 사모님 정도는 되어야 할 것이다. 그런데 이런 집에서 살아야 할 '왕자'는 '거지'가 되어 허름한 집안으로 보내진다.

왕자가 거지로 탈바꿈하는 계기로는 먼저 입양의 방식이 있다. 대체로 여성이 미혼 상태에서 낳은 아이라는 설정이 동반되는 경우가 많은데, 누군가로부터 아이를 빼앗기기도 하고, 어떤 사건을 계기로 아이를 잃어버리기도 한다. '왕자와 거지형'의 서사 전개는 주로 거지였던 아이와 주위 사람을 둘러싸고 정체가 드러날 듯 말 듯 긴장감을 유발하는 형태다. 이때 누군가는 진실을 덮으려 하고, 누군가는 왕자인 줄도 모르고 주인공에게 악행을 서슴지 않는다. 그리고 마침내 주인공이 왕자의 자격을 되찾았을 때, 인과응보에 따라 파국을 맞는 자와 되찾은 기쁨을 누리는 자가 생긴다.

출생의 비밀 중 또 하나의 유형은 바로 '씨앗 도둑질형'
이다. 씨앗 도둑질은 2013년에 방영된 드라마 〈백년의 유
산〉에서 방영자(박원숙 분)가 백설주(차화연 분)에게 한 말
로, 아이가 없는 여성이 다른 집 아이를 훔쳐오는 방식이
다. 백설주가 죽은 아이 대신 춘희의 아이와 바꿔친다는 것
은 신생아들이 모여 있는 산부인과라서 가능한 설정이다.
한편 2012년에 방영된 드라마 〈넝쿨째 굴러온 당신〉에서
는 숙모가 아이를 고아원에 버린다. 아이를 낳지 못하는 자
신에 대한 억눌렸던 감정이 폭발해 조카를 유기한 것이다.

이미 식상한 소재로 평가받은 지 오래인 출생의 비밀은
전 세계적으로 매니아를 양성한 영화 〈스타워즈〉 시리즈에
도 등장한다. 다스베이더의 명대사 'I'm your father'는 두
고두고 회자되고 있지만, 누구도 스타워즈를 자극적인 막
장 영화로 평가하지는 않는다. 중요한 것은 출생의 비밀이
라는 코드 자체가 아니라, 출생의 비밀이 어떻게 극 속에서
적용되고 있는가 하는 점일 것이다.

출생의 비밀이 주로 등장하는 아침 드라마나 일일 드라
마는 주 시청층이 40~60대 여성들이다. 이들이 '막장 콘
텐츠'를 향유할 수밖에 없는 심리에는 한국인의 트라우마
가 있다. 작가들이 단지 극적인 긴장감이나 반전 효과 때문

에, 혹은 시청률을 높이기 위한 관습적인 이유 때문에 계속해서 출생의 비밀 관련 콘텐츠를 양산하는 것일까? 그렇지 않다. 한국에는 분명 출생의 비밀 코드가 뿌리내리기 좋은 토양이 존재한다.

한국 사회에서 피는 물보다 너무 진하다

한국 사회는 과거부터 가문의 유지가 혈통을 통해서 이루어졌다. 여기서 가문의 혈통 승계는 단순히 가문의 계승자가 되는 것, 즉 추상적인 명예직 소유를 말하는 것이 아니라 권력과 재산의 상속을 의미한다. 한편으로 계승자가 아닌 경우에는 권력과 재산의 상속에서 밀려나게 된다. 출생의 비밀에는 이런 불합리함과 불안함의 의식이 반영되어 있다. 살아남기 위해서는 어떻게든 적통의 계승자가 되어야 한다. 사극에서 세자 책봉을 둘러싼 정비正妃와 후궁의 암투를 생각해보면 되겠다.

한편 현대극의 주인공은 가문의 후계자가 아닌 재벌이나 대기업의 후계자이다. 가문의 계승자이기를 원했던 욕망은 이제 대기업의 계승자이기를 바라는 욕망으로 변했다. 그 결과 '현재의 가난한 부모는 가짜고, 어딘가 진짜 부자

부모가 있을지도 모른다'는 식의 설정에 끌리게 된다. 이런 설정에 오래 노출되는 경우, 진짜 부모가 있기를 바라는 인식을 만든다. 출생의 비밀이 나쁜 것은 이런 의식을 확장시키기 때문이다. 부모에 대한 불만을 이런 돈의 힘과 지배권력에 가치에 따라 만들어낸다.

여기서 근본적으로 따져보아야 할 점은 한순간에 신분이 뒤바뀌는 현상이다. 신분이 바뀌는 것은 단지 서민층에서 대기업 가정 소속으로의 이동을 의미하는 것이 아니다. 서민 자녀로는 상상할 수 없는 경영권은 물론 많은 재산을 갖는 것을 의미한다. 경영권과 재산은 같이 묶여 있기 마련이다. 만일 한국의 기업들이 경영권은 물론이고 재산 상속을 혈통에 따라 승계하지 않는다면 이런 출생의 비밀은 드라마에 발을 들이지 못할 것이다.

결혼한 여성이 반드시 아이를 출산해야 한다는 의식 또한 출생의 비밀을 부채질하는 요인이다. 아이를 낳지 못하면 제 구실을 못한다는 생각 때문에 아이를 훔쳐오거나 뒤바꾸는 사례가 일어난다. 여기에 더해서 남아선호 사상도 한몫을 한다. 딸을 출산한 여성이나 이미 남아가 있는 여성들에게도 불안이 남는다. 아이를 잃어버리거나 뒤바뀔 수 있는 상황에 대한 불안이 생기는 것이다. 자식을 못 낳거나 자식이 있어도 진짜 자식이 아니라면 여성의 입지가 파괴되는 사회기제가 있을수록, 그에 대한 직간접적인 경험이 있을수록 출생의 비밀 코드는 여전히 시청자의 눈을 붙들게 된다. 결국 출생의 비밀 코드가 통한다는 것은 아직도 우리 사회에 이런 혈통 중심의 사고가 존재한다는 것을 의미한다. 또한 이런 구조 속에서 불안과 트라우마를 갖고 있는 이들이 많다는 것을 의미하기도 한다.

식상하고 자극적이라는 이유로 무조건 비판하기보다는, 출생의 비밀 코드를 소비하는 이들이 가진 트라우마를 위무하고 극복하는 것을 화두로 삼아야 한다. 자수성가가 어려운 사회로 변해갈수록, 재벌 등 지배층이 혈연 내에서 축적된 자원을 승계하는 일이 지속될수록 출생의 비밀을 담은 드라마는 안방극장에서 결코 사라지지 않을 것이다.

집안일을
분담할수록
이혼율이 높다?

기계적인 분담이 가져오는 파국

하면 하는 대로, 안 하면 안 하는 대로 스트레스!

뭐니 뭐니 해도 부부싸움의 단골 주제 중 하나는 바로 집안일 분담 문제일 것이다. 아내 입장에서 설거지나 청소, 빨래 등을 적극적으로 하는 남편이 있다면 화를 낼 일이 절반으로 줄어들 것도 같다. 그런데 의외의 사실이 있다. 노르웨이사회연구소^{VOVA}가 2012년 9월에 발표한 '가정 내 평등'이라는 보고서에 따르면, 집안일을 공평하게 분담할 수록 이혼율이 높아졌다. 조사 대상이 된 여성들은 남편에

나홀로족이
많아지면
누가 좋을까?

화려한 싱글 라이프의 명암

자유를 누리는 도시의 방랑자들

화려한 싱글의 삶을 꿈꿔보지 않은 사람은 거의 없다. 이
와 관련한 용어가 싱글족 혹은 나홀로족이다. 아울러 글루
미족, 더피족, 소라족, 신디스족, 싱펫족, 스완족, 쌔씨족,
젯셋족, 피트족, 코쿤족 등도 나홀로족과 관련된 신조어이
다. 자신을 위한 투자를 많이 할 수 있다는 점 때문에 나홀
로족은 긍정적인 의미로 진화하고 있다. 소냐 류보머스키
는 『행복의 신화』에서 솔로의 장점으로 이타애를 들기도

했다. 특히 결혼을 하는 경우, 배우자와 자녀에 집중하느라 다른 사람들을 신경 쓸 여력이 없어지지만 싱글은 타인에게 더 많은 배려를 할 수 있다는 것이다. 또한 혼자 사는 사람들은 다른 사람들과 끊임없이 관계를 맺으면서 다양한 정보와 지식, 경험을 얻을 수도 있다. 이는 네트워크의 확장을 의미하며, 그 속에서 자신의 의미를 다시 탐색하고 재창조할 수 있다.

혼자 행동할 때 느끼게 되는 불편함은 대체로 타인의 평가에 연연하기 때문에 나타난다. 왕따 혹은 사회성이 없는 존재로 여겨지는 것에 대한 두려움 때문에 남의 눈치를 살피게 되는 것이다. 그런데 최근 싱글족 혹은 나홀로족은 스스로 자율권을 행사할 수 있는 삶을 즐긴다. 일상 속에서 스스로의 가치를 발견하고, 자존감을 바탕으로 타인의 가치를 발견하기도 한다. 자신의 삶을 이해할 수 있기에 다른 이들의 삶을 인정해줄 수 있는 것이다. 무엇보다 나홀로족은 고독을 감내하는 사람들이다. 고독과 당당히 대면하는 사람들이기도 하다. 그래서 사유의 시간이 많을 수밖에 없다. 마치 움직이는 선승禪僧과도 같다. 나홀로족은 일상에서 오롯이 충전의 시간을 가진 후에 창조적인 작업을 위한 집중력과 몰입력을 끌어올린다. 사상가와 예술가들 중에서도

• • •

나홀로족이 많다.

그런데 이런 낭만적인 나홀로족의 증가를 반기는 쪽은 어디일까? 바로 기업이다. 기존 시장이 포화 상태인 상황에서, '솔로 이코노미(1인 가구 경제)'를 이루는 싱글이 많아질수록 주택, 가정용품, 식재료, 가전제품, 옷, 공연, 안전장치, 식당 등에서 새로운 수요가 생기기 때문이다. 언젠가부터 1인용 전기매트, 미니 온풍기, 100리터 미만의 1인용 냉장고와 미니 세탁기 등이 줄줄이 쏟아져 나오는 것만 봐도 알 수 있다. 경제지에서 나홀로족에 대한 찬사가 많은 것은 보다 많은 사람들이 홀로 쪼개져서 시장 상품의 생산과 소비를 늘리려는 의도가 있기 때문이다.

코끼리도 혼자 살면 빨리 죽는데…

2011년 11월, 어린이대공원의 첫 코끼리이면서 상징의 동물이었던 '태산이'가 세상을 떠났다. 놀라운 것은 태산이가 보통 코끼리에 비해 일찍 숨을 거둔 점이다. 코끼리는 보통 50세 정도의 평균수명을 가지고 있는데 태산이는 불과 38살이었다. 놀라운 것은 그렇게 일찍 세상을 떠난 이유가 오랜 독신 생활 때문이라는 진단이었다. 사실 대다수의 나홀로족이 처한 삶도 이와 다르지 않을 것이다. 혼자 살려면 일단 돈이 있어야 한다. 하지만 고소득, 고학력의 나홀로족이 얼마나 될까. 1인 가구의 월세 비중이 42.5%에 이른다는 통계청(2010년) 조사에서 보듯이 자신의 집을 가진 나홀로족은 적다. 또한 1인 가구 중 한 달 소득이 100만 원에 못 미치는 경우가 45%였고, 전체의 76%가 200만 원 미만에 그쳤다.

최근 독신과 싱글 문화에 대한 연구 결과들은 위협적이기까지 하다. 기혼 남성과 여성이 사고나 질병으로 숨질 확률은 미혼자보다 각각 32%, 23% 낮았고, 기혼 남성의 평균수명은 독신 남성보다 17년, 여성은 15년 더 길었다(미국 루이빌대 연구, '미국 전염병학 저널'). 왜 그럴까. 먼저 독신자들은 매 끼니를 부실하게 먹을 가능성이 상대적으로 높고, 긴급 상황이나 질병에 노출되었을 경우 적재적소에 의료 서비스를 이용하기 어려울 수 있다.

키에르케고르는 '고독은 죽음에 이르는 병'이라고 했다. 외로움은 고혈압, 동맥경화, 신체의 염증에 영향을 주며 각종 질병을 초래할 수도 있다(미 시카고 대학 연구팀 발표, 2012). 외로운 사람은 항바이러스 반응과 항체 생산에 이상이 생기는 등 바이러스 방어망이 약화된다. 암 발병률, 전

염병 감염률, 심장질환 위험 등의 수치도 높았다. 스웨덴·핀란드 공동 연구팀의 연구에서는 혼자 사는 사람의 80% 정도가 항우울제를 구입했다. 가족과 함께 살면 감정적 지원을 받을 수 있고, 유대감을 느낄 수 있지만 독신은 고립감에 휩싸이고, 사회적 소속감과 신뢰감을 잃기 쉽기 때문이었다. 이때 우울증이나 불면증을 달래기 위해 찾는 방법은 주로 음주다. 가톨릭대 알코올의존치료센터에 따르면 5년 동안 알코올 의존 상담 환자를 조사한 결과 75.4%가 '평소 술 마시는 것을 즐긴다'고 했는데, 여성의 비율이 82.3%로 남성 75%보다 상대적으로 높았다. 혼자 술을 마시면, 빨리 마시게 되고 금방 취하며 필름도 쉽게 끊긴다. 따라서 알콜 중독에 빠질 가능성도 높다.

그렇다면 나홀로족 문화가 앞선 일본은 어떨까. 야마다 마사히로와 소데카와 요시유키는 『더 많이 소비하면 우리는 행복할까?』에서 다음과 같이 적고 있다.

"거품 경제 붕괴와 함께 미래가 불안정해지자 사람들은 브랜드 소비를 그만두게 되었다. 그와 동시에 저축, 자격증 취득, 결혼 생활에 주력하기 시작했다. 결과적으로 20대에서 30대에 해당하는 젊은 세대는 소비의 주력에서 밀려나고 말았다."

2013년 일본에서는 사토리^{틀リ} 세대가 부각되었는데 1980년대 후반에서 1990년대에 이르는 불황기에 태어난 10~20대 청년들을 가리키는 용어다. 검소하고 실속을 차린다는 사토리 세대는 도쿄에 가지 않고 지역의 대학에 진학하며, 그곳에서 자리를 잡는다. 도쿄에 있는 와세다와 게이오 대학 등의 경쟁률은 갈수록 떨어져 5년 동안 1만 명의 지원자가 감소했다. 객지에서 홀로 생활하며 성공을 추구하기에 경제적인 토대가 많이 달라졌다. 홀로 사는 것은 이제 낭만이 아니라 현실이 되었다. 이들은 불황 세대, 즉 잃어버린 20년 시기에 성장했고 화려한 싱글로의 입지보다 서로 믿고 의지하는 삶의 가치를 몸으로 깨달은 세대다. 또한 동일본 대지진을 계기로 '곤가쓰^{婚活}(결혼하기 위한 활동)' 열풍이 불기도 했다. 위기와 공포가 찾아오면서 반려자를 찾고자 하는 욕구가 강해진 것이다.

결국 우리는 친구, 가족, 반려동물 등 주위에 있는 누군가로 인해 행복을 느낀다. 나홀로족을 미화하는 등 싱글의 자유가 상품화되고 있지만 그것은 아마도 텅 빈 자유일 가능성이 높다.

일베는 도대체 왜 그러는 걸까?

일간베스트의 동력

익명의 집단, 일베의 이상한 존재감

사회현상을 분석할 때 빈번하게 사용하는 말 가운데 하나가 확증편향Confirmation Bias이라는 개념인데, 이는 본래 심리학 용어이지만 어느새 언론매체에서 많이 소개되고 있다. 실제로는 확신오류Confidence Error 현상이 더 많이 일어나고 있는데 말이다. 애써 구분해본다면, 확신오류는 확증편향과는 다른 개념이다. 확증Confirmation은 어떤 자료나 절차를 통해 확인하는 것이고, 편향Bias은 한쪽으로 치우쳐 있는 현상을 말한다. 반면에 확신Confidence은 스스로 맞다고 여기며 자신감을 갖는 것으로, 객관적인 증명과는 거리가 있다. 즉, 확신오류는 자신들의 주관적인 신념에 따라 오류를 저지르는 것이다.

2014년 9월 6일 서울 광화문 광장 세월호 단식 농성장 근처에서 '폭식 집회'를 벌인 이들이 있었다. 이는 확증편향에 따른 행위가 아니라 확신오류의 결과물이었다. 자신들이 스스로 옳다고 생각하고 오류를 저지른 행위였기 때문이다. 세월호 관련 입법을 요구하는 단식 현장에서 피자와 치킨을 시켜 먹는 것은 반인도적인 행위이기에 이를 무색무취의 확증편향이라는 고급 단어로 분석하는 것은 타당하지 않다. 게다가 오류라는 사실을 간과할 때는 범법적인 행위도 충분히 할 수 있다는 점에서 큰 문제가 된다. 이들은 '일간 베스트'라는 웹사이트, 즉 일베의 회원들로 한국 사회 곳곳에 어지러운 소동을 일으키며 존재감을 과시하고 있다.

그런데 일베의 존재는 정치권력이나 주류 세력과 떼어놓을 수 없는 면이 있다. 무엇보다 테러를 감행하는 정도의 행위를 보이는 이들은 비주류이거나 소수 세력으로 권력층과 거리가 멀어야 하지만 특이하게도 일베는 정반대의

미한다. 소통은 민주주의의 상징이자 실체이다. 지배 권력은 소통을 거부한다. 이러한 소통 거부는 일베에서도 여실히 드러난다. 상대방을 일방적으로 조소하고 격하시키는 화법에 익숙할 뿐이다.

이런 일베를 허탈하게 하는 것은 무관심이다. 애초에 그들은 관심을 먹고살기 때문이다. 그들은 주목받는 1등이 되고 싶을 뿐이다. 잊을 만 하면 수면 위로 떠오르는 일베 논란은 결국 노이즈를 일으켜 씹히기만 해도 성공한다는 논리를 증명한 사례가 되었다. 일베의 행태는 생산은 하지 않고 담론의 기호를 통해 우위를 점령하려는 소모적인 정치놀음과 아주 유사하다. 국민과 시민을 위한 비전이나 정책은 없고 조소와 경멸의 소모적인 작업에 온 사회가 휘둘리는 것은 바로 서로의 생명을 갉아먹는 일과 다르지 않다.

일베의 토양이 된 것은 표현의 자유를 지켜온 역사이지만, 일베를 키운 것은 개인을 좌절과 무력감에 빠뜨리는 사회 양극화와 불평등의 심화에 있다. 소득 불균형에 따른 격차, 비고용과 실업, 비정규직 문제는 물론 자본주의 물질화는 갈수록 물질적 욕망을 증폭시키고 있다. 보다 높은 삶에 대한 선망의 수준이 더욱 높아질수록 제한된 사회 구조 속에서 깊어지는 것은 각 개인들 간의 상호 이용과 물질적 편

취의 증가라고 할 수 있다. 공동체적인 가치보다는 개인의
성공을 통한 소유욕을 조장할수록 특정 인물, 지역이나 생
물학적인 성을 공격하는 일베 같은 집단은 많아질 것이다.

3장 • SNS를 할수록 외로워

갔더니
힐링이 좀
되던가요?

힐링 콘텐츠가 간과하는 것들

웰빙에 지친 우리를 찾아온 힐링

대개 우리는 여러 일들이 겹쳐서 일어나면 어떤 징후가 아닐까 하는 생각을 한다. 출판계에서 스님들의 책이 베스트셀러 상위권에 올랐을 때도 그랬다. 당시 많은 전문가들은 스님들의 책에 담긴 힐링 혹은 치유 코드가 대중의 정서와 통했다는 결론을 내렸다. 그런데 힐링에 앞서 대한민국을 휩쓸었던 문화 코드가 있다. 바로 '웰빙'이다. 얼핏 비슷해 보이는 두 개념은 어떻게 다른 것일까.

웰빙은 삶의 질을 중요하게 생각하는 개념이다. 예컨대 같은 음식을 먹고 같은 집에 살아도 좀 더 환경친화적이라는 점을 강조하고, 음식의 맛보다는 성분이나 생육 환경을 따져 좀 더 건강에 도움이 되는 음식을 선호한다. 의복 역시 피부에 무해하다는 점을 더 우선한다. 그러다 보니 사소한 물품 하나에도 꼼꼼하게 신경을 쓰게 되고 과하면 결벽증 내지는 웰빙에 대한 집착을 낳는다. 어느새 웰빙은 얼마나 잘 사는지를 타인과 비교하는 척도, 즉 신분과 지위를 나타내는 수단이 되어버렸다. '웰빙'이라는 수식어가 붙은 상품이나 공간은 일반 제품보다 비싸지만, 그런 제품을 사용하지 않자니 불안한 마음을 가지게 되는 것이다. 결국 웰빙을 추구하다 보면 오히려 피로만 더해진다. 기업에서는 얼마든지 더 '웰빙한' 등급의 상품을 만들어낼 수 있고, 그것을 가지려는 욕망 또한 커지기 때문이다. 그런 집착과 소유욕은 사람과 사람 사이에 시기와 질투를 불러일으키게 마련이다.

웰빙이 공기 좋은 곳을 찾아 떠나는 여행이라면, 힐링은 걱정으로 가득한 머릿속을 비워, 그 자리에 좋은 기운을 채우는 일이다. 무언가를 소유해서 삶의 질을 얻는 웰빙과는 확연히 구분된다. 스님들의 책이 통했던 이유도 여기에 있다. 특히 선불교에서 강조하는 '방하착放下著'은 공空 사상에 따라 모든 집착을 끊고 내려놓는 것이다. 자신과 자신의 것에 대한 집착을 내려놓으면 마음이 비워지고, 비움은 평안과 포용을 낳는다. 또한 비워낼수록 쓸 수 있는 여지가 늘어나는데, 이는 노자의 '허虛' 사상과 통한다. 자신을 집착으로 채울수록 그 안에 다른 이들을 포용할 공간은 없다. 태풍의 눈이 꽉 차 있으면 거대한 움직임을 가질 수 없는 이치와도 같다. 거대할수록 속은 비어 있고 위대한 지도자일수록 스스로를 비워둔다. 예수 역시 비움의 철학을 가지고 있었다. '케노시스Kenosis'는 그리스어로 '자기 비움'이라는 뜻이다. 예수는 이 말을 '스스로를 아무런 지위와 명성이 없는 상태로 만드는 것'이라 일컬었다.

프로이트는 『문명 속의 불만』에서 인간이 행복하지 못한 것은 문명 자체가 아니라 인간관계를 조율·조정하고 해결하는 제도가 제대로 작동하지 않기 때문이라고 했다. 하지만 대부분의 사람들은 이런 사실을 부정하고 문명 이전의 자연으로 돌아가라는 루소의 주장에 더 귀를 기울인다고 했다. 행복은 사람들 사이에 있는 것이다. 숲이나 바다, 산사로 들어간다고 해서 성취되지 않는다. 노자도 『도덕경』에서 바퀴살이 모이는 바퀴통이 비어 있기에 서른 개의 바퀴살이 잘 돌아간다고 했다. 바퀴통이 꽉 차 있다면 마찰에 따라 서로 시끄러운 소리만 낼 뿐, 수레도 움직이지 않을 것이다. 결국 비움은 혼자 행복해지려는 것이 아니라 사회 속에서 타인과 조화롭게 살 수 있는 자율적인 역량의 회복이다.

힐링 코드가 가진 비움의 메시지는 파급력이 높았다. 상품화되어 소유의 대상이 되기도 했다. 힐링 카페가 생기는가 하면 치유 영화와 힐링 연극도 생겼다. 마음을 치유하는 스토리텔링 콘서트도 유행했고, 치유의 길이나 치유의 숲 등으로 공간과 연결시키기도 했다. 그런데 여기서 한 가지 궁금증이 생긴다. 힐링 콘텐츠에 열광했던 현대인들이 가진 상처란 도대체 무엇이며, 힐링이 되고 나면 어떤 상태가 되는 것일까?

치유는 상처가 나기 전으로 원상회복하는 과정이다. 즉, 원래 상태가 완전했다는 것을 전제로 한다. 일종의 유아적인 퇴행이라고 볼 수도 있다. 과거에는 완전했는데 지금은 엉망이라는 식의 태도이기 때문이다. 인간은 성장하는 존재이다. 시간이 흐를수록 경험과 사고를 통해 성숙해가고 앞으로 더 성숙해야 한다. 그러기 위해서는 예전의 상태를 그리워하는 것이 아니라 자아의 역량을 확장시키는 노력이 필요하다. 마틴 셀리그만 등이 주도하는 긍정심리학은 정신분석학과는 달리 상처 자체의 치유에 크게 관심을 갖지 않는다. 그보다는 앞으로 일어날지 모르는 불확실한 상황에 대처할 수 있는 심적 역량을 키우기 위한 노력을 중시한다. 그런 면에서 힐링 코드는 자아의 확장이 아닌 과거 상태로의 회귀에 머물 우려가 있다. 이런 수동적인 의식이 확산되면 사회 전체의 역량이 줄어든다. 기업가 정신보다 안정적인 공무원이나 교사직으로 인력이 몰리고, 미혼자와 중년 캥거루족이 늘어나는 현상도 이 같은 맥락에서 파악할 수 있다. 사람들 사이에서 겪는 갈등 자체를 피하겠다는 심리는 상처를 받지 않겠다는 의식과 연결되어 있다.

도대체 누가 우리를 아프게 한 거죠?

치유와 힐링 코드는 상처받은 사람들을 찾아내지만 정작 상처를 주는 사람이나 제도, 문화 등에는 관심이 없다. 멘토들은 위로를 하기 바쁘고, 세상은 온통 상처받은 피해자로 가득 찬 것 같다. '미움'을 받는 것 역시 부당한 피해에 해당한다. 그렇기 때문에 미움받을 용기가 필요하다는 맥락의 책이 잘 팔리기에 이른다. 물론 상처를 받은 피해자의 아픔은 존재한다. 그러나 피해자와 '피해자 코스프레'는 다르다. 힐링 코드는 약자로서 배려를 받고 상대적인 우위를 확보하려는 피해자 코스프레의 심리를 조장할 우려가 있다. 누구나 다른 이들에게 의도와 상관없이 상처를 줄 수 있고 받을 수도 있으며, 가해자임과 동시에 피해자다. 하지만 자신이 저지른 일보다 당한 일을 호소하고 싶은 것이 사람이다. 상처의 원인을 간과한 힐링 코드는 피해자 코스프레와 영합해 관련 상품과 서비스만 늘릴 수 있다.

게다가 힐링 코드가 개인적 차원에 머무르는 경향이 많은 것도 생각해볼 점이다. 예를 들어 가해자는 인간이 아닌 천박한 이윤 중심의 논리가 지배하는 사회가 될 수도 있다. 이는 단순히 마음의 평화를 주제로 한 치유 콘텐츠를 소비한다고 해서 해결되지는 않는다. 스님들의 말씀이 출판 시장에서 베스트셀러가 되는 것이 반갑기도 하면서 씁쓸한 이유가 여기에 있다. 자칫 현실의 모순을 덮는 데 이용될 수 있기 때문이다. 대기업의 경영자라면 자본주의 사회의 모순이나 기업 윤리 등의 문제가 얼마나 개인들에게 고통을 주고 있는지를 저술한 책을 주위에 권하지는 않을 것이다. 더구나 그런 책을 쓴 저자의 특강을 섭외하지도 않을 것이다. 이는 주류 신문사나 방송국도 마찬가지이다. 그러다 보니 사회 구조나 정책 등 무겁고 진지한 콘텐츠보다는, 모든 것이 마음먹기 나름이라거나 개인들이 얼마나 노력하는가에 달려 있음을 강조하는 문화 콘텐츠의 비중이 늘어나게 된다. 한 차례 한국 사회를 휩쓸었던 힐링 열풍은 어쩌면 우리 사회와 개인이 가지고 있는 보다 치명적인 상처를 가리는 역할을 했는지도 모른다.

방탄소년단은
SNS 때문에
떴다고?

신(新)한류의 실체

소통 이상의 진정성

어느 방탄소년단 팬이 말했다.

"BTS의 인기 이유가 SNS 때문이라고 더 이상 말하지 말아주세요."

방탄소년단^{BTS}이 전 세계의 주목을 받으면서 당연한 수순으로 인기 요인을 분석하는 시도가 있었고, 가장 먼저 꼽힌 것이 바로 SNS다. 언론매체는 물론이고 전문가들도 늘상 그렇게 말해왔다. 그렇다면 왜 SNS 때문이라고 하는 것일까. 그리고 팬들은 왜 그것을 싫어하는 것일까. 사실 방탄이 아니어도 음악의 유통과 소통이 SNS를 통해 이뤄진 것은 많은데 말이다.

그동안 한국 음악은 유통 채널을 물리적 공간, 오프라인에서 제대로 갖추지 못했고, 이 때문에 부랴부랴 디지털 공간을 통한 음악 유통이 대안으로 받아들여져 왔다. 케이팝 기획제작자들은 이를 위해 지난 10년 동안 부지런히 노력했다. 싸이의 강남스타일은 유튜브에 올린 뮤직비디오가 크게 히트를 쳤기 때문에 유명세를 얻었고, 심지어 유튜브 조회수 시스템 자체를 바꿔버렸다. 더 이상 표기할 단위가 없었던 것이다. 기획사들이 유튜브에 업로드하는 뮤직비디오가 영화 인력을 동원한 엄청난 투자의 산물이라는 점은 익혀 잘 알려져 있다. 방탄소년단의 음악도 이런 뮤직비디오를 통해 어필한 점이 있다. 하지만 그렇다고 SNS가 직접적인 원인이 될 수는 없다. 지금은 케이팝 가수 중 누구라도 이런 채널을 이용하고 있기 때문이다.

방탄 소년단은 팬들과 소통을 잘했다. 소통이라는 점에서 SNS를 가장 잘 활용하는 케이팝 보이 그룹이라는 점은 분명하다. 존재조차 알려지지 않은 초기부터 전 세계 팬들과 직접 소통할 수 있는 도구로 SNS를 활용했기 때문이다.

● ● ●

이런 소통이 축적되어 있었기 때문에 앨범 출시 이후 100여 개 국가에서 아이튠즈 전 세계 동시 1위가 가능했다는 전문가들의 분석이 있다. 그러나 단지 SNS를 이용해 소통했기 때문에 팬들이 늘어났다고 보기는 힘들다. 그들은 진정성을 우선시했다. 단순히 어떤 수단을 취하고 전략을 세워서 인기를 끈 것이 아니다. 이것이 팬들이 강조하는 방탄소년단을 좋아하는 이유이다. 여기에는 문화적 변화에 관한 배경이 있다.

통제보다 자율적 성장

전통적으로 아이돌 스타를 육성하는 기획사들은 신비주의 전략을 취해왔다. 초기 할리우드에서 주로 구사했던 전략인데 아이돌 스타를 일반인과 다른 영웅, 신화 속 인물 같은 대상으로 만드는 것이다. 이러한 전략은 SM 엔터테인먼트에 의해 본격적으로 체계화되었는데, 기획사에서 연습생을 모아서 훈련을 시키고, 특정 컨셉으로 그룹을 만들어 깜짝 발표하는 식이다. 이용자들은 이런 시스템을 통해 만들어진 상품을 대중매체 등의 홍보 파급 효과에 따라 수동적으로 소비해야 했다. 이 때문에 아이돌 그룹의 탄생에는 많은 돈이 들어가게 되었고, 투자비를 회수하고 수익을 창출하기 위해서는 최대한 장기 독식을 해야 했다. 우선은 국내 장기독식을 우선시한 다음, 이런 성과를 홍보해 해외에서 한류 활동을 모색한다. 하지만 이는 독과점에 따른 물량 공세에 의한 지배이므로, 자유경쟁이라고 볼 수 없었다. 게다가 기획사가 디자인한 아이돌 그룹의 이미지는 자체적인 매력과 생명력이 제한되었고 수명도 짧았다. 심지어 음악성도 담보할 수가 없는 경우가 생겼다.

중소 규모의 기획사에서 탄생한 방탄소년단은 초기에 이렇게 대형 자본을 통해 물량 공세를 할 수 있는 여력이 없었다. 그래서 국내에서 경쟁을 하기보다는 해외에서 방탄소년단의 음악을 알아줄 수 있는 곳에 문을 두드렸고, 소통과 유통 수단은 SNS였다. 그 결과 세계 사람들은 아는데 국내에서 오히려 방탄소년단을 모르는 일이 벌어졌다. 무엇보다 방탄소년단은 만들어진 캐릭터가 아닌 개성적인 뮤지션들로 채워졌다. 스스로 음악을 만들고 제작·프로듀싱을 할 수 있는 이들이었다. 기획사에서는 그들에게 특정 이미지를 부여하고 성과를 위해 통제하기보다는 자가 발전과 진화를 통한 자율적 성장에 초점을 맞추었기 때문에 서로가 윈윈의 토대를 쌓게 되었다. 방탄소년단은 팬들과 자신들이 또래라는 것을 숨기지 않았다. 아이돌이 아닌 아이들로서, SNS를 통해 가감없는 일상을 보여주는 것뿐만이 아니라 음악을 통해서도 셀프 스토리텔링을 통해 자신들의 목소리를 드러냈다. 이들은 이슬만 먹고 사는 왕자님 같은 태도로 움직이지 않았다. 어른이 쓴 기획사형 노래들은 일상이 아니라 관념이 되기 쉽다. 세대적 감수성이 없기 때문에 뻔한 노래가 나오는 것이다. 그런 가운데 방탄 소년단은 국내 팬만이 아니라 전 세계 청춘들의 고민을 반영한 음악들을 선보였다.

진화하는 팬 문화

팬 문화 역시 진화했다. 그들은 보다 능동적이고 적극적이 되었다. 아이돌을 경외의 대상으로 보고 무조건 추종하지 않았다. 자신들의 취향과 세계관에 맞지 않으면 언제든지 바꾸거나 새로 선택할 준비가 되어 있었다. 또한 자신들의 꿈을 대리 실현하는 아바타이자 실체로서 진정성 어린 삶의 자세를 가진 아이돌을 응원하게 되었다. 투명해진 다채널 사회에서 방탄소년단은 진정성 있는 가치가 전 세계적인 파급력을 가질 수 있다는 점을 보여주었다. 아이돌이 아닌 아티스트로 자리매김을 하게 된 것이다. 이로써 아이돌이 팬과 함께 공진화할 수 있는 투명한 문화가 형성되었다고 볼 수 있다.

또한 방탄소년단의 인기는 글로벌 마니아 현상과도 연관이 있다. 이는 일종의 문화적 십시일반 현상인데, 조금씩 음식을 덜어 한 상에 차리듯이 전 세계적으로 마니아들이 조금씩 모이면 거대한 흐름이 된다는 것을 보여준다.

방탄소년단은 힙합이라는 장르를 취하기도 하고, 일본에서는 일본 버전의 노래를 부른다. 철저하게 현지 팬들을 위한 맞춤 서비스를 제공하는 한편, 미국에서는 과감하게 한국어 노래를 불러서 화제가 되기도 했다. 이런 점은 방탄소년단을 '개념 있는' 아이돌로 만들어주었다.

또 한 가지, 방탄소년단의 인기를 견인한 원인으로 한국의 팬클럽 문화를 생각하지 않을 수 없다. 2017년 11월 19일, 방탄 소년단은 미국의 3대 음악상인 아메리칸 뮤직 어워드에 케이팝 그룹으로는 최초로 초청되어 공연을 펼쳤다. 이때 참석자들은 어리둥절한 표정을 짓게 되는데, 객석 대부분이 방탄소년단을 연호하는 이들로 꽉 차 있었기 때문이다. 바로 방탄소년단의 팬클럽이 총출동한 것이다. 영미권에서는 이런 팬덤 문화가 흔하지 않았고, 사람들은 시

상식장을 가득 메우며 플래시를 터뜨리며 환호하고 노래를 따라 부르는 팬들의 행동을 보면서 방탄소년단의 인기를 실감했다.

한국의 팬클럽 문화는 1980년대의 산발적인 오빠 부대 시절을 지나, 1990년대 중반 이후 인터넷 카페가 활성화되면서 체계화, 조직화, 그리고 규모화를 이루게 된다. 처음에는 집단적으로 움직이는 이들의 활동이 몰개성화 현상으로 간주되어 부정적인 반응이 있었다. 또한 조공 문화와 같이 자신이 좋아하는 스타에게 과한 물량 공세를 퍼붓고 팬클럽끼리 다툼을 벌이거나 일부 사생팬들이 물의를 일으키기도 했다. 하지만 사회가 개인주의화되고 파편화될수록 집단적인 정체성을 꿈꾸는 심리 또한 증가하게 되어 있다. 방탄소년단은 음악과 춤, 다방면의 소통을 통해 팬들로 하여금 존중받는다는 느낌을 주었다.

방탄소년단의 춤은 단지 한국적인 것이라고 부르기 애매모호하다. 이들의 세계적인 인기는 글로벌 시대의 교류가 상대방과의 보편성에 바탕을 두고 각자의 문화와 의사를 소통해야 가능하다는 점을 보여주는 것이다. 이를 위해 목적의식적으로 노력하는 열정이 지금의 방탄소년단을 만든 것이라고 볼 수 있다.

유명인들은
왜 일찍
유명을 달리하나?

━━
창조성과 수명의 관계

━━
난 '엘비스인 것'이 너무 지겨워

유명인 중에는 왜 단명하는 사람이 많을까? 호주 퀸즐랜드 대 연구팀이 《뉴욕타임스》 부고란에서 1천 명을 분석한 결과 배우, 가수 등 음악인과 스포츠 영역의 스타들이 평균 77세에 사망했다. 작가, 작곡가 등 예술가는 평균 사망 연령이 79세고, 유명한 역사학자나 경제학자 등은 82세, 기업계와 정치계에서 성공을 거둔 이들은 83세였다. 특히 연예인들에게는 암 발생도 많았는데, 그중에서도 폐암의 발

● ● ●

생 빈도가 높았다.

리처드 엡스타인 교수는 스타들이 많은 긴장과 불안 속에 살고, 그것을 이기기 위해 술이나 담배, 그리고 섹스 등에 빠져 건강을 해친다고 했다. 특히 대중적인 유명세가 없어진 이후에 건강이 급속하게 악화되는 경향이 있었고, 락 Rock 음악을 하는 뮤지션들이 일찍 사망할 확률이 높았다 (리버풀존무어대 연구팀, 《Epidemial Community Health》, 2007). 1천 명 이상의 영국과 북미 아티스트들을 대상으로 연구한 결과 그들이 조기 사망할 확률이 다른 직업을 가진 사람들에 비해 두세 배나 높은 것으로 나타났다. 이들은 활동 과정에서 받은 스트레스를 해소하기 위해 알코올과 약물에 의존했고, 이는 곧 자기 파괴적인 행동으로 이어졌다.

"자네들은 정말 운이 좋아. 난 '엘비스인 것'이 너무 지겨워. 뭘 해야 할지 모르겠어. 제발 딴 일을 해 봤으면 한이 없겠어."

'로큰롤의 제왕' 엘비스 프레슬리가 죽기 9년 전인 1968년, 주변 사람들에게 한 말이다. 엄청난 인기 가수가 된 그는 항상 자신의 집에서 은둔을 해야 했다. 몇 번의 공연을 빼놓고는 1년 내내 마음 놓고 밖으로 나다닐 수가 없었다. 그는 조용히 자신의 은둔지에 있다가도 갑자기 텔레비전

세트, 당구대, 자동차 등을 때려 부쉈다고 한다. 엘비스 프레슬리는 1977년 사망 직후 심장 쇼크로 사인이 발표되었지만 사람들은 계속 비만증 혹은 약물중독 때문이라고 말했다. 나아가 유명 평론가 앨버트 골드먼은 자살이라고 주장하기도 했다.

인기와 불안을 견디는 스타의 두 얼굴

독일 정신병리학자 보르빈 반델로는 『스타는 미쳤다 Celebrities』에서 "스타는 심리적 장애 때문에 뛰어난 예술가가 된 것"이라고 했다. 그들은 항상 심각한 정신장애가 있었고 그것이 그들의 명성을 유지하는 데 도움을 주었지만, 결국에는 부작용을 일으켜 생명을 단축시켰다는 것이다. 최초의 백인 여성 로커로 평가받는 제니스 조플린(1943~1970)은 무대에서 50도짜리 술을 병째로 마시는 등 알코올 의존증이 있었고, 심각한 헤로인 중독을 겪었다. 지속적인 우울증에도 시달렸는데, 혼자 있는 것도 불안해했지만 막상 자신을 도와주려고 하는 이들에게도 공격적이었다. 이런 성격은 자아도취 성향에서 기인한 것이다. 자아도취는 현실을 만나면 급격히 다운된다. 그래서 이른바 정체성이 오락가락하는 '경계성 성격장애'가 나타난다. 빌리 홀리데이, 지미 헨드릭스 등도 비슷했다. 뮤지션이나 배우들은 무대를 통해서 자신의 존재감을 시시각각 확인할 수 있기 때문에 다른 예술가들보다 경계성 성격장애가 나타날 확률이 높다.

보르빈 반델로 교수 역시 '경계성 성격장애'에 주목했다. 그는 창조적인 예술가들이 너무 젊은 나이에 죽는 이유가 '경계성 성격장애가 20세에서 30세 사이에 가장 활발하게 나타나기 때문'이라고 추정했다. 경계성 성격장애를 지닌 사람들은 늘 버림받는 것에 대한 두려움으로 가득하다. 그래서 다른 이들이 자신을 버리기 전에 먼저 스스로를 버리는 심리가 작동하기도 한다. 이때 술, 섹스, 도박, 약물 등이 문제가 된다. 『불안, 그 두 얼굴의 심리학』에서 반델로 교수는 "괴테·브레히트·베케트·카프카도 불안에 떨었다. 불안은 탁월한 업적을 이루는 데 필요한 무한한 에너지를 제공한다"고 했다. 하지만 병적인 불안은 생명을 파괴한다. 19세기 영국의 대표적인 낭만파 시인 조지 고든 바이런은 36세의 젊은 나이에 죽었지만, 죽음의 원인이 다이어트라는 점은 잘 알려져 있지 않다. 많은 여성들이 흠모한 그의 얼굴은 바로 피나는 다이어트의 결과였다. 그는 다이어트를 위해 비스킷과 소다수, 식초에 절인 감자만 먹었고, 스웨터를 몇 겹씩 입고 땀을 뺐다. 살이 찔 수 있다며 우유는 손도 안 댔다. 밥을 안 먹으니 배고픔에 시달렸고, 배고픔을 잊으려고 시가를 입에서 떼지 않았다. 1822년, 바이런의 건강은 극도로 나빠졌고 2년 뒤 그리스 메솔롱기온에서 36세의 나이로 세상을 떠난다.

한편 경쟁과 인기 유지에 대한 불안을 견디게 하는 것이 바로 자아도취이다. 자아도취는 다른 이들보다 더 많은 에너지와 열정을 투입하게 하는 힘이 된다. 마치 뇌에서 보상 시스템이 작동하는 것과 같다. 자신이 잘하고 있으며 다른 이들보다 나은 존재라고 간주해야 유명인들은 버틸 수 있다. 마이클 잭슨도 극단적인 자아도취, 파트너 관계의 문제, 자기 비판력 부족, 신체 감각 장애, 중독증, 강박증 등 온갖 증후군을 고루 지녔고 피터팬처럼 어른이 되지 않으려 했고, 소아 애호증이라는 병도 갖고 있었다. 그런데 자아도취 상태는 현실을 마주하는 순간 급격하게 무너질 수 있고 이는 자해나 약물 투여 등의 극단적 선택으로 이어질 수 있다.

적나라한 섹스나 직선적인 행동, 당당하다 못해 오만한 태도, 막힘없는 소비, 거침없는 표현은 대중의 본능을 충동

질한다. 성격장애가 있는 사람들이 스타가 될 수 있는 요인 가운데 하나는 이처럼 스타를 보며 대리 만족을 얻는 대중이 있기 때문이다.

비정상인들이 걸어온 빛과 어둠의 자취

인류 문명은 비정상적인 상황 속에서 자신을 파괴하면서 만들어낸 결과의 총체라 할 수도 있겠다. 탑이나 건물, 그리고 사소한 도구 하나에도 정상성을 벗어나 비정상성을 달려간 이들의 노고가 묻어 있다. 고구려를 건립한 주몽이나 강대국을 이룩한 광개토대왕은 40세 즈음의 젊은 나이에 죽었다. 세종대왕, 정약용은 지독한 불면증 내지 편집증 환자였다는 지적도 있다. 적어도 세종은 온몸이 질병투성이였다. 스티브 잡스도 많은 ICT 제품을 만드는 과정에서 광기를 부렸고, 몸 안에는 췌장암이 자라고 있었다. 아이폰에는 스티브 잡스의 암세포도 묻어 있다. 애플사의 시원이자 컴퓨터의 아버지 앨런 튜링은 40대 초반에 요절했고, 게임이론을 발전시킨 수학자 존 내시는 평생을 정신분열증에 시달렸다. 집합론을 만든 게오르그 칸토어 역시 우울증에 시달렸다. 2008년 영화 〈배트맨 다크나이트〉가 연일

매진 사례를 보이는 가운데 조커 역을 맡은 29세 히스레저 는 제대로 영광을 누리지도 못했다. 뉴욕 자택에서 약물 복용에 따른 쇼크사로 홀로 세상을 떠난 것이다. 영화 캐릭터에 대한 과도한 몰입과 불안증이 죽음을 부른 것으로 알려졌다. 하지만 자신을 내던진 히스레저의 몰입 덕분에 두고 두고 회자되는 명작 영화가 탄생할 수 있었다.

꼭 미쳐야만 훌륭한 업적을 쌓을 수 있는 것은 아니다. 철저한 자기 관리를 하는 예술가들도 많다. 미쉘 푸코의 말대로 근대 합리주의는 예술가를 광인이라고 규정했고, 거꾸로 예술가들은 광인처럼 굴어야 좋은 작품이 나온다고 믿기도 했다. 근대 합리주의가 만든 광인의 신화를 자본주의가 상품화한 측면도 있다. 그럼에도 불구하고 변하지 않는 것 하나는 유명인들이 뿜어내는 빛에는 그에 맞먹는 질량을 가진 어둠 또한 존재했다는 사실일 것이다.

왜 SNS를
할수록
외로워질까?

개인의 고독과 소셜네트워크서비스

'좋아요' 좀 눌러 줄래?

기존 단어에 붙으면 상상 초월의 영향력을 발휘하는 두 음절이 있다. 그것은 바로 '소셜Social'이다. 익숙하고 평범했던 일상이 소셜 때문에 전혀 다른 세계로 변하고 있다. 소셜 검색부터 소셜 쇼핑, 소셜 커머스, 소셜 북마크, 소셜 게임에 이르기까지, 쏟아져 나오는 '소셜한' 콘텐츠들을 따라가기도 버겁다.

이런 현상은 '소셜네트워크서비스SNS'와 함께 시작됐다.

SNS에 해당하는 미디어들을 '소셜 미디어'Social Media라고도
한다. 예를 들어 페이스북, 트위터, 블로그 등이 모두 소셜
미디어에 속한다. 이를 사회적 연대 서비스 혹은 사회적 매
체라고 풀이할 수도 있을 것이다.

소셜 미디어는 개인의 경험이나 취향, 의견 등을 혼자만
간직하는 것이 아니라 다수의 타인과 공유할 목적으로 사
용하는 온라인 툴(도구)이다. 즉, 쌍방향의 소통 공간으로
활용되고 있다. 그런데 기존의 온라인 툴 역시 상호 소통을
위한 네트워크서비스의 특징을 가지고 있었는데, 왜 새삼
'소셜'이라는 단어를 붙이는 것일까?

이전까지의 디지털 공간은 상호 소통의 공간이기도 했지
만, 자기 폐쇄적인 특징도 있었다. 사적인 커뮤니티 안에서
만 소통이 이루어졌기 때문에 자유롭고 다양한 연대가 이
루어지기는 힘들었다. 이른바 취향 일치의 동호회 성격을
벗어나기 힘들었다. 또한 사회적 의미와 가치를 실현하는
목적성이 그렇게 강하지 않았다. 반면에 최근의 소셜 미디
어는 블로그나 미니홈피와는 다른 면모를 보인다. 트위터
·페이스북·미투데이 등의 특징은 크게 두 가지다. 메시지
는 짧고 간단해졌고, 소통 기능은 향상되었다. 즉각적으로
오가는 수다의 기능이 한층 업그레이드되었고, 무엇보다

모바일과 연동되는 점이 큰 특징이다. 스마트폰과 연계가 되면서 이동 중에도 얼마든지 소통을 할 수 있게 되었다. 즉, 시간과 공간의 제약을 뛰어넘을 수 있게 된 것이다. 게다가 누구나 원하기만 하면 팔로어, 즉 친구가 될 수 있다. 이는 사회적 성격의 강화와 연결된다. 이 때문에 영국 시사주간지 《이코노미스트》는 "SNS가 인류의 의사소통, 일과 놀이 문화 대부분을 혁신적인 방식으로 변화시키고 있다"고 평가했다. 그런데 정말 트위터나 페이스북은 '소셜한' 사회적 가치를 지향하는 소셜네트워크서비스일까?

네트워크를 욕망하는 고독한 개인

자아의식은 근대와 함께 탄생했다. 이런 점은 서양뿐 아니라 동양도 마찬가지였다. 근대 이전에 서양이 인간보다 신을 우선시했다면, 동양은 개인보다 사회 내지 국가가 우선이었다. 물론 보다 일찍 근대 자아의식에 눈뜬 쪽은 서양이었다.

데카르트는 우리가 유일하게 확신할 수 있는 것은 자아의식이라고 믿었는데 이는 '생각한다, 고로 존재한다'라는 뜻의 '코기토 에르고 숨Cogito ergo sum'이라는 말에 잘 압축되어 있다. 프로테스탄트 혁명은 자아의식의 확장되는 계기가 되었다. 각 개인들은 가톨릭 사제들의 중보 사역을 통해서만이 아니라 신과 직접 교통할 수 있게 되었다. 한편 종교적 세계관을 벗어나려는 사상가들의 영향으로 정해진 운명을 따르기보다 자신의 길을 개척해야 한다는 의식이 강화되기도 했다. 특히 과학은 관찰과 검증으로 진리를 확인하려는 근대인의 의지와 열정 덕분에 크게 발달하기 시작했다. 개인의 권리와 존엄성을 추구하는 민주주의의 정신도 무르익었고, 자본주의 역시 개인의 능력과 소비를 중심으로 급격하게 발달했다.

리처드 타나스는 『The Passion of Western Mind』에서 '근대에 이르러 유럽에서 형성된 자아의식은 개인주의, 세속성, 의지의 힘, 다양한 관심과 충동, 창조적 혁신, 인간의 활동을 규제하는 기존 관습에 대한 저항 등의 특성을 띠는 정신적 특징을 가지고 있다'고 했다. 아담 스미스 역시 개인의 자기의식에 따른 행동들의 이로운 점을 부각했고, 슘페터는 창조적 파괴와 함께 기업가 정신을 매우 중요하게 언급했다. 현대의 경제학은 개인의 판단과 의사결정, 선택을 중심에 두고 있다. 21세기를 다품종 소량 생산의 시대라고 말하고 문화부족의 새로운 전성기라 일컫는 것은 이

• • •

때문이다.

가족 구조 역시 대가족에서 핵가족, 더 나아가 1인 가족의 형태로 끊임없이 분화하면서 자아의식 중심의 토대로 교체되고 있다. 경제활동 역시 1인 창조 기업이 주목받고 있으며 조직에서 자유로운 직업군, 즉 아나운서나 스타에 대한 대중적 열망은 어느 때보다 폭증했다. 기자 개인의 이름을 건 프로그램이나 섹션이 증가하고 있고, 자신의 일거수일투족을 드러내는 리얼리티 프로그램이나 오디션 프로그램도 개인에 주목하는 특성을 강하게 대변하는 시대적 징후라고 할 수 있다. 집단 연희의 공간은 극장으로 분할되었고, 다시 라디오와 텔레비전으로 가족화되었으며, 퍼스널 컴퓨터를 기반으로 개인화되었고, 모바일을 통해 자아 중심화되었다. 스마트폰은 인간의 통제력을 극단적으로 강화시켜 마침내 판도라의 상자를 연 셈이 되었다.

모든 것이 개인에게 달려 있다는 사실은 한편으로 인간을 불안과 고독의 심리에 빠져들게 했다. 자신의 열정과 의지로 운명을 개척하면서 자존감을 느꼈지만, 한편으로 스스로가 운명을 개척하기 위해 고군분투하는 상황에서 따를 수 있는 실패에 대한 우려는 우울증과 스트레스를 불러일으켰다. 그래서 고독한 개인은 네트워크를 통한 연결을 욕망하게 되었다. 이는 네트워크 이론의 바탕이 된다.

너를 통해 나를 확인하는 SNS 중독

하지만 결국 개인은 사라지지 않는다. 관심의 대상은 다시 자기 자신으로 되돌아오게 마련이다. 즉, SNS에 접속하는 근본적인 목적은 관계 맺음 자체에 있는 것이 아니라 자신을 중심으로 한 관계망에서 인정과 존중을 얻는 것에 있다. 단순히 주목을 받는 것이든, 자신을 세상에 널리 알리고 사회문화적으로 영향력을 행사하는 존재가 되는 것이든, 관계망을 통한 자아실현이야말로 우리가 간과하지 말아야할 소셜 미디어의 속성이다. 게다가 SNS에 '소셜'이라는 개념이 내포되어 공동체성이 강화되었다고는 해도 기본적으로 1인 미디어의 속성이 강하다. 1인 미디어를 만드는 이유는 사람들이 자신의 사이트에 방문을 많이 하게 하는데 있으므로, 방문자 수나 댓글 수가 낮으면 이용을 포기하는 현상이 벌어진다. 반대로 반응자의 수가 증가할수록 더욱 집중하고 몰입한다. 그래서 서로가 방문을 해주면서 상대에게 도움을 주고, 상대의 방문을 통해 나의 자존감을 확인하는 공간이 소셜 미디어인 것이고, 네트워크를 통해 강화되는 것은 역설적으로 자아집중성이라고 볼 수 있다.

트위터의 경우 이러한 자아집중성이 매우 강하다. 한 사람의 자아를 중심으로 무제한의 사람들이 팔로잉을 할 수 있게 했다. 이로써 양극화 현상이 심해지는데 유명인이거나 영향력 있는 사람들이 수백만의 팔로워를 거느리는가 하면 대부분은 한 자릿수에 불과한 경우가 많다. '좋아요'나 댓글의 수가 영향력의 지표가 되는 페이스북 역시 마찬가지이다. 그러다 보니 소통의 창구로서 SNS를 시작했다가 주객이 전도되는 상황이 벌어진다. 보다 많은 친구와 연결망을 확보하지 않으면 존재감이 흔들리는 것 같은 불안 때문에 소통을 위한 소통에 중독되는 것이다. 공감을 얻기 위해서 스스로를 드러내는 것이 아니라, 공감을 얻기에 용이한 SNS용 자아를 만들어 자신의 무기력한 일상과 분리시키기도 한다. 극단적인 예로 타인의 얼굴 사진과 일상의 모습을 도용해 마치 그 사람인 것처럼 SNS를 하는 경우가 있다. 결국 SNS를 하면 할수록 스마트폰을 내려놓고 난 뒤의 외로움과 공허감은 커질 수밖에 없다.

위기에는
정신 질환이 있는
리더가 뜬다?

광기와 리더십

자기 자신의 절망과 싸운다는 것

1889년 독일의 철학자 프리드리히 니체는 짐마차를 끌던 늙은 말이 마부에게 채찍질을 당하자 말의 목을 끌어안고 울었다. 그의 친구 프란츠 오버베크는 울다 지쳐 길바닥에 쓰러진 니체를 정신병원으로 옮겼다. 이후 니체는 12년 동안 정신퇴행 증세에 시달리다가 예나 대학 병원에서 세상을 떠난다. 훗날 정신의학자들은 니체가 조울증, 즉 양극성장애 환자였다고 추측했다. 『니체 신드롬』을 쓴 의학 박사 자크 로제는 니체의 천재성이 그의 조울증과 밀접한 연관이 있다고 했다. 어려서부터 근시, 편두통, 만성 정신장애에 시달렸던 니체는 아버지의 죽음 등으로 유년기를 줄곧 애정결핍 상태로 보냈다. 이는 곧 조울증으로 이어졌다. 그는 때때로 횡설수설했고 히죽거리기도 했으며, 상식에서 벗어난 은유를 동원해 말하기도 했다. 심지어 자신이 인류의 위대한 지배자라는 식의 과대망상 기미까지 보였다. 현대 의사들이 니체를 마주했다면 전형적인 조증 상태라고 할 법한 증상이었다. 하지만 니체의 조증은 지적 흥분과 도취를 불러일으켰고, 상상력과 창조성을 발휘하는 기제가 되었다. 자폐성 장애를 가진 이들이 한 분야에서 엄청난 재능을 보이는 서번트 증후군savant syndrome 역시 신경정신과적 장애와 천재성이 밀접한 연관이 있음을 보여준다.

조울증은 비정상적인 기분이 장시간 지속되는 '기분 장애'가 더욱 극단적으로 나타나는 병을 말한다. 조증 상태일 때는 지나친 행복감과 낙천적 사고, 자아도취, 과대망상 등을 드러내지만 울증에 빠지면 심각한 우울 증세를 보이고 롤러코스터를 타듯 자존감이 바닥으로 추락한다. 그런데 뛰어난 리더십을 가진 사람 역시 이런 기분 장애를 앓고 있는 경우가 많다. 미국의 정신과 의사 나시르 가에미는

『광기의 리더십』에서 위기 시에는 정상에서 벗어난 리더가 큰 역할을 한다고 주장했다. 영국의 처칠 총리 역시 심각한 우울증과 가벼운 조증을 반복적으로 앓았다. 그는 '다가올 독일의 위협에 대처해야 한다'며 영국의 재무장을 주장했지만, 주변의 극심한 반대에 부딪혔다. 정치적으로 따돌림을 당하기도 했다. 하지만 앞날에 대비한 그의 현실 판단은 정확한 것이었다. 정신의학자 앤서니 스토는 그에 대해 다음과 같이 말했다.

"1940년의 위협적인 여름, 우리를 결집시키고 격려하는 처칠의 저항적 언어에는 정서적 진실성이 담겨 있었다. 절망을 극복할 수 있다는 그의 말이 설득력 있었던 것은 그가 평생 동안 자기 자신의 절망과 싸워왔기 때문이다."

처칠과 동시대의 영국 정치가 체임벌린은 처칠과 반대의 길로 갔다. 그는 1938년 뮌헨 방문 때까지도 "히틀러를 만나 보니 그가 믿을 만한 사람이라는 느낌을 받았다"라고 낙관하고 있었다.

존 F. 케네디는 젊은 시절 활동적이고 매력적이었지만 과잉 성욕에 부적응자 기질이 있었다. 성적은 중간 정도로, 10대에는 애디슨병과 백혈병을 앓기도 했다. 그는 '기분 고조형 성격'이었고 이 때문에 야망이 있고 활달하며 카리

스마 있는 리더십을 보여줄 수 있었다. 이런 점은 프랭클린 D. 루스벨트도 마찬가지였다. 남북전쟁 때는 특히 정신 질환이 있는 리더들의 전성기였다. 윌리엄 T. 셔먼과 율리시스 그랜트, 스톤월 잭슨은 알코올 의존증이 있었다.

간디나 마틴 루터 킹 목사를 보면, 우울증을 가진 이들이 다른 사람들의 기분을 이해하고 공감하는 능력이 뛰어남을 알 수 있다. 간디는 평생 불안했고, 극도로 수줍어했으며, 부정적이고 비관적인 기분에 자주 빠졌다. 자서전에서 "편하게 친구 집에 놀러가서 예닐곱 명 앞에만 있어도 말문이 막혔다"고 했을 정도였으며, 청소년기에는 자살을 기도했던 적도 있다. 간디는 자신이 그런 처지에 있었기 때문에 다른 이들의 기분을 잘 알 수 있었다.

멀쩡한 리더가 사고를 친다?

리처드 닉슨, 조지 W 부시, 토니 블레어는 정상적인 지도자에 속하는데 『광기의 리더십』에서는 이런 유형을 '호모 클라이트homoclite', 즉 일반적 통념을 따르는 사람이라고 한다. 이들은 대체로 세상을 통제할 수 있고, 더 많은 일들을 할 수 있을 것이라고 생각한다. 그래서 위기 상황에서도 낙관적인 전망을 하기 쉽다. 토니 블레어 영국 총리 역시 성공 가도를 달리다가 9·11테러가 터지자, 이라크 침공을 정당화했다. 그는 '전쟁이 유일한 대안'이라는 그릇된 판단을 했으며 추가 파병과 장기 주둔을 선택하며 정책 실패를 낳았다. 나시르 가에미에 따르면 "위기가 아닐 때 어울리는 지도자는 이상주의적인 사람이다. 세상과 자신에 대해 지나치게 낙관적인 경향이 있으며, 특권층 출신인 경우가 많고 어려움을 겪은 적이 없다. 자신이 남들보다 우월하다고 생각하고 남들과 다르다고 느낀다"라고 했다.

정신적으로 건강한 사람의 경우 오히려 데이비드 오언이 말하는 '자기과신 증후군Hubris Syndrome'에 빠질 확률이 높을 수도 있다. 정상적인 사람들은 대개 낙관적인 전망을 바탕으로 판단한다. 집권 기간이 긴 권력자들은 신은 물론이고 역사가 자신에게 항상 긍정적이고 유리할 것이라고 판단한다. 그렇기 때문에 다른 이들의 말을 듣지 않거나 독단적인 판단을 하게 된다. 여론을 무시하거나 비판적인 견해에 주의를 덜 기울인다. 지금까지 별일이 없었으므로 부정적인 메시지는 별로 중요하게 생각하지 않는다. 더구나 그의 주변에는 점점 좋은 소리만 일삼는 예스맨들이 많아져 눈과 귀를 어지럽힌다.

세상에 가치 없는 것은 하나도 없다. 광기로 표출되는 기분 장애 역시 제대로 쓰이면 빛나는 리더십과 창조성으로 연결될 수 있다. 현대 문명은 위기를 돌파한 광인들이 쌓아 올린 탑이기도 하다.

무명의 고흐는 어쩌다 유명해졌을까?

미술품의 값을 결정짓는 요소

상어의 시체가 120억 원?

자고로 수준 높은 문화교양인이라면 좋아하는 화가나 그림 한두 점쯤은 있어야 한다. 미술사에 대한 식견이 있고 때맞춰 적절하게 전시회 등을 다니면서, 작품에 대해서 나름대로 안목을 가지고 비평을 할 수 있다면 금상첨화다.

"진정한 미술가는 신비한 진실을 들추어냄으로써 세상에 도움을 준다."

미국의 현대미술 작가 브루스 나우만이 미술의 가치를

말한 대목이다. 이에 따르면 훌륭한 미술 작품은 화가의 생전이 됐든, 생후가 됐든 오로지 작품의 예술적 가치가 고고하게 빛나서 역사에 이름을 남긴 것만 같다. 미술사가 E. H. 곰브리치는 다빈치의 〈모나리자〉를 이렇게 평가하기도 했다.

"실제로 우리를 보고 있는 것 같기도 하고 또 마음속에 영혼이 깃들어 있는 것처럼 보이기도 한다. 마치 살아 있는 사람처럼 볼 때마다 달라 보인다. 우리를 조롱하는 것처럼 보이는가 하면 미소 속에 어떤 슬픔이 깃들어 있는 것 같이 보이기도 한다. 위대한 과학자인 레오나르도 다빈치는 마술 붓으로 색채 속에 주문을 불어넣었다."

그런데 이미 잘 알려져 있다시피, 〈모나리자〉를 그린 다빈치 뒤에는 메디치 가문의 지원이 있었다. 르네상스가 시작될 무렵 이탈리아에서 은행업으로 부를 축적한 메디치 가문이 다빈치, 미켈란젤로, 보티첼리 등을 후원하지 않았다면, 그들의 작품은 역사에 남을 수 없었을 것이다. 예술 작품에는 아름다움을 지탱해줄 무엇인가가 필요하다. 그리고 미술 역시 부와 권력에서 자유로울 수 없다.

2005년 영국 작가 데미언 허스트의 작품 〈상어〉가 700만 파운드, 우리 돈으로 약 120억 원에 판매됐다. 포름알데

히드 용액이 든 수족관에 실제 상어의 시체를 넣었을 뿐인, 어쩌면 엽기적이기까지 한 이 작품이 엄청난 거액에 팔릴 수 있었던 이유는 무엇일까.

미술품의 가격은 작품을 원하는 사람이 많으면 오르고 그렇지 않으면 내리는 식으로 단순하게 책정되지 않는다. 우리가 흔히 알고 있는 유명한 작품들은 대개 비싸기 때문에 훌륭한 작품으로 취급받는 경우가 많다. 비싸면 더 비싸지고, 싸면 더 싸진다. 이런 모순적인 말이 어디 있을까. 고흐 같은 무명 화가가 사후에 유명해지고 그의 작품이 지닌 가치가 올라간 것은 일반 관람객들에 의해서가 아니다.

대개 미술품의 값을 결정짓는 주요 요소에는 보존 상태, 크기, 제작 연대, 재료, 방법 외에도 객관적인 요소, 즉 미술품의 절대 가치, 미술품과 사회의 역학관계 등이 있다. 여기서 미술품의 절대 가치란 작품의 예술적 수준을 말하는 것으로 미술사적 위상 등 학술적 평가가 절대적이다. 이런 평가는 고객이 아닌 전문가들이나 소수의 제도 운영자들이 내린다. 이 과정에서 주관적인 요소, 즉 전문가의 취향이나 이해관계 등이 포함되고 이는 또 다시 권위에 의해 객관화된다. 그것은 곧 유명세가 되고 부를 창출한다. 한 예로 국전에서 수상을 하면 대개 주목의 대상이 되는데, 국전에서 선호하는 것으로 알려진 코드가 있다. 이런 코드에 부합하지 않으면 아무리 재능이 있어도 예외가 된다.

고흐는 살아생전에 단 한 점의 그림을 팔았다. 그가 죽기 6개월 전, 고작 40프랑에 유화 한 점을 팔았던 것이 전부였다. 그리고 11년이 흘러 1901년 3월 17일, 파리에서 71점의 반 고흐의 그림을 전시된 후 고흐의 명성은 높아졌다. 왜 그랬을까. 평범한 갤러리에서 4천 달러에 팔리는 그림도 유명 갤러리에서는 1만 2천 달러까지 가격이 올라간다. 딜러 브랜드의 힘 때문이다. 이처럼 화랑, 갤러리는 작가와 작품의 유명세에 큰 영향을 미치는 요소 중 하나다.

화랑, 큐레이터, 미술관의 합작

화랑은 연예 기획사와 비슷하다. 국전이나 해외 전시회에 선보이는 화가들을 육성해 몸값을 높이는 것이 화랑에서 하는 일이다. 신인 화가는 실력뿐만 아니라 어느 학교를 나왔는가도 중요하다. 한국식으로 말하면 서울대인가 홍익대인가 하는 점이 사람들에게 먹히는 것이다. 화랑은 성장 가능성이 있는 화가의 작품을 구입해주거나 해외 유학을 지원한다. 화랑에 연결되어 있는 재력가들에게 구매를 유도

하기도 한다. 화랑의 영향력이 클수록 고객들은 화랑을 믿고 작품을 구매한다. 화랑에서 해당 화가를 계속 키워줄 것이라는 믿음이 있기 때문에 가능한 거래다. 한국의 경우, 화랑에서 작품을 구입하여 정부기관에 판매하는데, 비록 낮은 가격에 판매되어도 정부기관에 걸렸다는 이력이 작품과 작가의 몸값을 올리는 기제가 된다.

큐레이터도 작가의 작품을 높여주는 주요한 존재이다. 큐레이터는 전시를 기획 실행하는 과정을 관리한다. 또한 예산을 확보·집행하고 전시 공간과 작가 선정, 홍보 전략을 구성하기도 한다. 비평가에 버금가는 안목이 필요한 직업이기도 하다. 그만큼 큐레이터의 역할은 막중하다. 좋은 작품이나 화가를 발굴하고 널리 알리는 것이 한 무명 화가의 운명을 결정할 수도 있고, 예술의 흐름을 바꾸어 놓을 수도 있다.

한국에서는 큐레이터들이 정부나 공적 기관에서 문화예술 지원 기금 등을 배분하기 때문에 그 위상과 영향력이 더욱 커졌다. 그러나 큐레이터 개인이 문화예술계에 독자적으로 영향을 미치기보다는 그들이 근무하는 박물관이나 미술관의 영향력 범주 안에 있다. 그러나 그들의 역할은 유통에 큰 역할을 한다.

국내 미술 시장의 유통은 개인 투자보다 기업이 관할하는 대기업 미술관 중심으로 형성되어 있다. 리움미술관, 호암미술관, 로댕갤러리는 모두 삼성그룹 소유다. 또한 금호그룹의 금호미술관, SK그룹의 아트센터 나비, 쌍용그룹의 성곡 미술관과 대우그룹의 아트선재센터 등도 있다. 이들 미술관은 모두 대기업의 여성 경영자가 주축이 되어 운영한다. 미술관 운영은 지위와 고품격의 상징이며, 그것을 통해 기업의 이미지를 구축한다. 작가들을 지원하고 좋은 작품들을 구비하면서 예술적 수준이나 안목은 물론 재력을 과시하기도 한다. 서울 한남동의 리움은 한국의 국보급 전통 미술품과 근현대 미술, 국제 미술 대표작들을 볼 수 있는 국내 최대의 사립미술관이고 이병철 회장과 2~3세들이 수집한 국보급 유물이 전체 국보의 10%를 넘는다. 대기업의 미술관은 좋은 작품들이 오가는 핵심적인 통로다. 각종 대형 전시회를 유치하면서 대중적인 활동도 한다. 기업 미술관은 재력이 있기 때문에 경기 불황에도 버틸 수 있어 미술 시장의 명맥을 유지한다.

대기업의 미술관과 특정 갤러리들은 끈끈한 관계를 유지하면서 작품과 작가를 연결한다. 대표적인 화랑으로는 서미갤러리, 갤러리현대, 국제갤러리, PKM갤러리 등이 있다.

대기업과 끈끈한 갤러리들은 자금의 불법 통로가 될 수도 있다. 2011년 검찰은 CJ그룹이 해외에서 고가 미술품을 사들여 서미갤러리를 통해 가격을 부풀리는 방식으로 자금을 빼돌렸다는 의혹에 대해서 수사했다. 이 과정에서 앤디 워홀, 로이 리히텐슈타인 등 세계적인 작가들의 작품이 리스트에 오르내리며 주목을 받았다.

미술 작품, 재산이 아닌 모두의 유산으로

돈이 되고 우아하기까지 한 미술 시장, 이를 바라보는 시선이 곱지만은 않다. 특히 대기업의 미술품 구매에 대한 부정적인 여론이 많다. 미술품은 정해진 시장가가 없어 양도, 증여나 상속에서 세금을 안 내고 얼마든지 속일 수 있는 재산이다. 10억짜리 작품을 1억에 샀다고 하고, 다시 10억짜리를 1억에 팔았다고 신고하면 증여세를 적게 내도 된다. 또한 일부 기업 중에서는 미술품에는 관심도 없으면서 우회적으로 후원이나 지원을 하기도 한다. 이들은 인맥을 위해, 또는 생색을 내거나 세금 감면 혜택을 받는 범위 내에서 메세나를 표방한다.

소설가이자 예술비평가인 에프라임 키숀은 『피카소의

달콤한 복수』에서 함량 미달의 작품에 대한 과대평가는 미술 시장을 둘러싸고 있는 상인, 화랑 경영자, 비평가 등의 집단이 만드는 것이라고 하면서 이들을 '예술 마피아'라고 칭했다.

많은 전문가들은 소수의 작가, 화랑, 옥션, 컬렉터들만 참여하는 폐쇄적 틀이 아니라 저가부터 고가까지 많은 미술 작품이 생산, 유통되는 참여의 장이 마련되어야 한다고 본다. 고급스러운 갤러리뿐만 아니라 대형 음식점 등에서도 그림을 볼 수 있고, 작가의 작업실을 찾아가 그림을 직거래 하거나 지방의 전시 및 아트페어를 활성화해 향유의 공간을 다변화해야 한다는 것이다.

19세기 말부터 20세기 초까지 미국의 금융황제 JP모건의 2대 회장, 피어폰트 모건그리스는 골동품, 레오나르도 다빈치의 노트, 셰익스피어와 바이런의 육필 원고 등 진귀한 보물과 예술품을 수집했는데, 오랜 세월에 걸쳐 수집한 예술품을 뉴욕 메트로폴리탄 박물관에 상당수 기증했다. 예술품들을 소유하려고 한 것이 아니라 유럽의 문화예술 작품을 미국에서 언제든지 볼 수 있는 환경을 마련하기 위한 것이었다. 미술 시장에 버블을 일으켜 누군가의 호주머니를 터는 예술 마피아보다 훨씬 우아한 방식이다.

• • •

4장 • 자꾸 지름신이 내려

안 될 줄 알면서
왜 자꾸
복권을 사게 될까?

**주관적 확률과 객관적 확률,
그리고 행복**

앉으면 눕고 싶고, 누우면 자고 싶고…

도대체 얼마만큼의 돈이 있어야 행복할까. 우리나라의 성인 남녀 10명 중 약 2명에 해당하는 640만 명이 매주 복권을 구입하고 평균 7,018원을 쓴다. 로또에 당첨된 사람들은 한 번에 많은 돈을 갖지만, 대체로 그 행복은 오래가지 못한다. 얼마 못 가서 많은 돈을 가지고 있는 상태에 적응해버리기 때문이다. 즉, 당첨 이전의 수준으로 행복도가 내려가는 것이다. 그래서 더 많은 돈을 추구하지만, 그 후에도 마찬가지 패턴이 이어진다.

중년에 관한 장기 연구를 담당한 브랜다이스 대학 심리학과의 마지 라크만 교수는 "중년이나 노년층이 젊은이들보다 행복하다"고 했다. 그들은 언제나 행복할 거라는 기대가 비현실적이라는 사실을 알고, 현재가 인생의 절정기라 믿으며 매 순간 집중하기 때문이라는 것이다. 행복은 지속되지 않는다. 일시적이다. 아리스토텔레스는 『니코마코스 윤리학』에서 "인간은 누구나 행복을 추구하며, 행복은 윤리학과 정치학에서 다뤄야 할 가장 중요한 주제"라고 했다. 인간은 행복을 추구하는 행위를 멈춘 적이 없다. 당첨 가능성이 번개에 맞을 확률보다 희박한 것을 알면서도 복권을 사는 행위 역시 행복을 추구하는 일일지도 모른다. 뉴욕 대학교 심리학과 개리 마커스 교수는 『클루지kludge』에서 "우리는 행복하도록 진화한 것이 아니라, 행복을 추구하도록 진화했다"고 했다.

긍정심리학에서는 '주관적 안녕subjective well-being'을 중시한다. 주관적 안녕은 삶의 만족도, 긍정적인 정서, 부정적인 정서 등 세 가지로 이루어져 있다. 이를테면 개인적 성취, 가족·친구와의 관계, 학교·직장에서의 활동 등 삶의 만족도가 높을수록 행복하다고 본다. 또한 즐거움과 기쁨 같은 긍정적 정서를 자주 느끼고, 슬픔과 권태 같은 부정적 정서를 덜 느끼는 사람의 행복감이 더 높다고 말한다. 이색적인 실험도 있었다. 행복한 사람은 상대방의 눈을 잘 쳐다보며, 그렇지 않은 사람은 상대의 눈을 잘 보지 않았다. 불행할수록 다른 사람의 눈을 마주치지 않으려 하고 그럴수록 더욱 우울해진다(영국 앵글리아 러스킨 대학 피터 힐스, '영국 심리학 저널', 2011). 이로써 사회적 고립감은 더욱 커지고 다시 불행감을 느끼면서 악순환의 늪에 빠진다.

마이클 폴리는 『부조리의 시대The age of absurdity』에서 "행복은 규정될 수 없고 성취의 대상이 될 수도 없으며, 불행이나 불운은 어쩌다 찾아오는 게 아니라 삶의 기본 조건이다"라고 했다. 또한 그는 "삶의 부조리를 직시하라"고 한다. 행복에 대한 과잉 집착을 경계하는 말이다. 행복만큼이나 멜랑콜리 역시 가치 있는 감정이며 창조적 영감과 아이디어의 원천이 될 수 있다. 이런 점은 〈인사이드 아웃〉이라는 애니메이션이 슬픔과 기쁨의 상호보완성에 대해 다루면서 화제가 된 바 있다. 실제로 슬픔에 휩싸인 사람이 행복감이 충만한 사람보다 객관적으로 사고하고 주변 정황, 외부 상황 등에도 더 많은 주의를 기울였다(호주 뉴사우스웨일스 대학 조 포가스 연구팀,《호주과학저널ASJ》, 2009). 슬픔은 집중력을 높여 상황을 잘 다루는 정보처리 능력을 증대시킨다. 반면에 과도한 행복감을 느끼는 사람들은 과속 운전이나 약물 남용 등 위험한 일에 빠져들거나 노후를 대비해 모아온 저축을 충동적으로 써버릴 가능성이 높다. 복권에 당첨되거나 유산을 증여받은 사람들 가운데 비참해지는 이들이 이런 유형의 예이다. 미국 뉴욕 주립대학교 연구팀의 연구 결과를 보면 과거에 아무런 고통 없이 행복한 삶을 살았던 사람보다 어느 정도 고통을 겪은 사람이 시간이 흐른 뒤 더 좋은 결과를 낳았다.

돼지 꿈을 꾸면 일단 사고 본다

주류경제학에서는 '불확실한 상황에서 합리적인 경제 주체의 판단은 결과에 관한 효용의 기대치가 있을 때 이루어진다'는 기대 효용의 이론을 들어 복권 구매의 행동을 설명한다. 그러나 복권에 당첨될 객관적인 확률은 낮고, 효용의 기대치 역시 낮아진다. 하지만 주관성이 개입되면 얘기가 달라진다. 좋은 꿈을 꾼다거나, 잘 아는 주변 사람이 복권에 당첨되면 자신이 당첨될 확률에 가중치를 붙인다. 이렇게 외부 변인 때문에 영향을 받는 것을 '객관적 확률에 대한 가중치 함수^{weighting function}'라고 한다.

 사람들이 도박에 빠지는 이유 역시 주관적 확률이 객관적 확률보다 높아지는 현상 때문이다. 비록 객관적 확률이 단 0.00001%라도 개인의 징크스나 느낌이 좋으면 확률이 높은 것으로 간주한다. 특히 스포츠 선수나 연예인, 금융 컨설턴트, 사업가 등 고액의 돈을 벌던 사람들이 도박이나 경마에 많이 빠지게 된다. 이들은 단위가 큰 숫자에 익숙하고, 흥행성이 높은 일에서 큰돈을 번 경험이 있기 때문에 베팅을 할 때의 불안이 덜하다. 또한 상대적으로 주관적 확률에 예민하다.

 1990년 《뉴욕타임스》에 한 미국 여성의 복권 당첨 소식이 실렸는데, 이 여성은 뉴저지 주에서 발행하는 복권 추첨에 4개월 간격으로 두 차례나 당첨됐다. 확률은 무려 17조분의 1이었다. 하지만 하버드 대학 통계학 교수들은 미국 내에서 또 누군가에게 일어날 확률이 30분의 1이나 된다며 별스럽지 않다는 반응을 했다. 누군가에게는 벌어질 일이다. 사람들은 그 일이 바로 자신에게도 일어날 수 있다고 생각한다. 어찌 보면 그것이 험난하고 어려운 세상을 버티는 힘이다. 어떤 이들은 재미로 복권을 사지만, 꾸준히 복권을 사는 사람들은 공든 탑을 쌓는 것처럼 엄숙하게 임한

• • •

다. 그러다가 자신이 살고 있는 동네나 평소 오가는 길거리의 판매점에서 당첨자가 나오면 더욱 복권에 기대를 건다. 이런 접근성과 감정이입의 용이성은 복권에 대한 관심을 유발한다.

리처드 스코시의 『행복은 어디에 있는가』에는 행복지수에 대해 행동과학자, 신경학자, 심리학자들이 모여 내린 결론이 나온다. 행복하게 사는 방법은 간단했다. 집에서 멀지 않은 직장에서 즐겁게 일하고 동료들과 한잔 한 뒤에 집에 돌아가서 섹스를 하는 것이었다. 복권에 대한 기대도 이런 소소한 행복 가운데 하나인지 모른다. 주식도 투기가 아니라 그냥 묻어둔다면 미래에 대한 작은 희망이 되는 것처럼 말이다.

남의 불행을 보면
왜 기분이
좋아질까?

풍요로운 시대의 불만족

1인 1닭의 시대, 여전히 배고픈 이유

중세 유럽인들은 '코케뉴'라는 이상향을 꿈꾸었다. 그곳에서는 원할 때마다 음식이 무한정 나오고, 집과 옷도 언제든지 얻을 수 있다. 자고 싶은 만큼 잠도 자고 상대방이 동의하면 어떤 사람과도 사랑을 한다. 무엇보다 일을 하지 않아도 된다. 이런 곳이 있다면 정말 행복할까.

19세기 미국의 노동자는 1주일에 평균 66시간을 일했지만 이제 42시간만 일하면 된다. 인류를 고통과 죽음에 몰아넣었던 페스트, 소아마비, 천연두, 홍역 같은 질병들은 거의 퇴치됐으며, 평균수명은 41세에서 77세로 2배 가까이 늘었다. 소수 인종과 여성에 대한 차별도 과거에 비해 많이 나아졌다. 노동자의 권리도 신장되고, 소득도 늘었다. 경제 규모도 늘어나고 시장에는 물건이 많다. 교통과 통신은 이전과 비교할 수도 없이 발전했다.

코넬 대학교의 경제학과 교수 로버트 프랭크는 편의점에서 과거 프랑스 왕들이 마셨던 포도주보다 품질이 좋은 카베르네와 샤르도네를 팔고 있다는 사실을 지적했다. 잔칫날에나 먹던 닭고기나 돼지고기는 집 앞 시장에서 얼마든지 살 수 있다. 이렇게 놀라울 정도로 풍요로워졌지만 어쩐지 사람들은 행복한 것 같지 않다. 미국에는 우울증에 시달리는 사람이 50년 전보다 10배나 늘었다. 10년이 넘도록 OECD 회원국 가운데 자살률 1위를 유지하고 있는 우리나라는 말할 것도 없다. 초등학생 10명 중 1명은 자살 충동을 느낀 적이 있다는 조사 결과도 나왔다. 친구들과 어울려 뛰어놀 새 없이 학업 스트레스에 시달리는 현실이 낳은 비극이다.

풍요로운 사회에서 느끼는 불행에 대해 '선택 형벌Choice penalty'을 이유로 들 수도 있다. 즉, 개인이 마음대로 선택할 수 있는 여지가 많을수록 그에 따라 원하는 것을 마음대로 얻을 수 있다는 인식이 생긴다. 하지만 그 인식에 부합하지 못하게 되면 스스로에게 불명예를 안긴다. 예컨대 이전보다 여권이 신장되어 많은 기회가 주어질 때, 그에 상응하는 결과를 만들지 못하는 여성들은 불행감을 느끼게 된다. 여성에게 제한된 권리가 주어졌던 과거라면, 제한을 가하는 사회제도나 국가 시스템에 원인을 돌릴 수 있을 것이다. 하지만 개인이 선택한 일에 따르는 실패에 대해서는 변명의 여지가 없기에 우울감이 든다. 배리 슈워츠의 『선택의 패러독스』에 따르면 물건을 살 때에도 일종의 선택 형벌이 존재한다. 다양한 제품 중에서 선택해야 할 것이 많으므로 사기 전에는 불안을, 사고 나서는 실망감을 느낀다. 사기 전에는 정말 좋고 합리적인 제품인지 혼란을 겪고, 산 뒤에는 더 좋은 상품이 있었음을 안다. 왜냐하면 풍요로운 사회이기 때문이다.

남의 불행을 보는 쾌감, 샤덴프로이데

그렇다면 최상급의 제품을 얼마든지 살 수 있는, 선택 형벌에서 자유로운 부자들의 세계는 어떨까. 만일 부자의 옆에 더 큰 부자가 있다면 얼마든지 불행이 싹틀 수 있다. 상대적인 박탈감 때문이다. 이는 타인에 비해 곧 상대적인 우위를 점했을 때 삶의 만족도가 높아진다는 것을 의미하기도 한다. 미국 프린스턴 대학교 연구팀에 따르면 인간은 부러움의 대상이 되는 사람의 불행을 보고 행복한 기분에 빠질 때가 있다고 밝혔다. 이들은 미소 짓는 강도를 측정할 수 있는 뺨의 움직임을 관찰한 결과, 기능적 자기공명영상fMRI을 통해 부러움의 대상이 부정적인 상황에 놓였을 때 참가자들의 뇌가 쾌감을 느끼며 즐거워하는 반응을 보이는 것을 확인했다.

남의 불행에 대해 갖는 쾌감을 독일어로 '샤덴프로이데schadenfreude'라고 하는데, 샤덴(피해)과 프로이데(기쁨)의 결합어이다. 샤덴프로이데는 연예인의 약점이나 치부가 담긴 '찌라시'를 보며 쾌감을 느끼는 심리와도 연관이 있다. 화려하게만 보이는 스타들의 지극히 인간적인 사생활을 엿보는 일이 묘한 만족감을 주는 것이다. 네덜란드 라이덴 대학 연구팀이 《이모션》에서 밝힌 내용에 따르면 자신감이 낮은 학생일수록 성취도가 높은 학생을 더 위협적으로 받아들이고 강한 샤덴프로이데를 느끼는 것으로 나타났다. 연구팀은 "자신감이 낮을 때 사람들은 어떻게든 기분이 나아지려고 애쓰며 남의 불행을 보면 샤덴프로이데를 느끼지만, 자신감이 높아지면 굳이 남의 불행을 보고 기분이 좋아질 필요가 없게 된다"고 했다.

상대적인 박탈감은 풍요로운 사회일수록 더욱 심화될 수 있다. 예컨대 생활수준이 비슷한 농촌 마을의 경우, 서로 비교할 것이 달리 없다. 음식이나 의복, 소유하고 있는 가전제품의 종류나 양도 비슷하다. 그런데 이 마을에 공장이 들어서면 이야기가 달라진다. 공장에 나가 일하는 사람과 그렇지 않은 사람 사이에 생활수준이 벌어지기 시작한다. 시기와 질투가 싹틀 수 있고, 상대적인 무력감에 빠질 수 있다.

행복의 문제를 과학적으로 연구한 심리학자 에드 디너 교수가 2010년 한국을 방문해 한국 심리학회에서 '한국에서의 불행'이라는 주제로 논문을 발표한 바 있다. 그는 한국의 소득 수준이 세계적으로 높은 편임에도 불구하고 행복을 느끼는 감정은 하위 수준이어서 놀랍다고 했다. 그리고 많은 한국인들이 자신이 살고 있는 한국 사회에 분노를 터트리고 있으며, 직업에 대한 만족도도 높지 않고 풀이 죽어 있다고 표현했다. 에드 디너 교수는 '주관적 안녕'이라는 개념을 사용하면서 개인적인 성취와 주변 사람과의 관계 등에서 만족과 즐거움을 느끼는 '긍정적 정서'가 높을수록, 슬픔·권태·분노와 같은 '부정적 정서'를 적게 느낄수록 행복해진다고 했다.

네덜란드 학자 루트 빈호벤의 국가별 행복 수준에 따르면, 스칸디나비아 반도 국가들의 행복 지수가 높은 이유 가운데 하나는 그들이 친사회주의 정책에 따라 중산층을 확충하여 침실 세 칸이 딸린 주택과 혼다 어코드를 몰 수 있는 비슷한 삶의 수준이 유지되는 환경을 조성했기 때문이다. 아일랜드 역시 행복한 정도로는 상위권에 올랐는데 1인당 국민소득이 미국이나 스위스의 절반이었다. 아일랜드에는 '남과 비교하지 말고 네가 가진 것에 감사하라'는 문화가 형성되어 있다. 이런 곳이라면 샤덴프로이데를 느끼는 사람이 적을 것이다. 한 사회에서 남의 불행에 쾌감을 느끼는 사람이 많아진다는 것은 그만큼 살기가 팍팍하다는 증거다. 사촌이 땅을 사면 박수를 쳐줄 수 있는 여유가 넘치는 그런 곳이야말로 현대의 이상향이 아닐까.

스펙이
너무 좋아도
취직이 안 된다?

조직이 원하는 인재상이란

취준생 100만 시대, 스펙의 상향 평준화

한 남학생이 신문사와 방송사를 막론하고 취업 원서를 접수했지만 면접에서는 떨어졌다. 어느새 학생은 자학하기 시작했다. '빽'이 없는 자신의 집안도 원망했다. 도대체 왜 이 학생은 매번 떨어지는 것일까.

이번에는 조금 다른 상황이 있다. 여학생 두 명이 구직 활동을 했는데 한 여학생은 서류전형도 통과하지 못한 반면, 다른 여학생은 잘 붙기만 했다. 그 여학생은 학점도 낮고 어학 점수도 좋지 않았으나 외모는 다른 이들보다 낫다는 평가를 듣곤 했다. 이를 둘러싸고 선후배들 사이에서 말이 돌았다. 역시 여자는 외모가 취직을 좌우한다는 얘기였다. 정말 그런 걸까.

취업 시즌이 오면 언론매체는 물론 인터넷 포털에는 토익 900점에 전 과목 A학점을 받아도 취직이 힘들다는 내용의 사례가 등장한다. 또한 스펙을 많이 쌓아도 취직이 안 되는 현실을 다루기도 한다. 취업난을 단적으로 보여주는 현상이다. 어학 점수도 높고 학점에 스펙이 좋아도 취직이 안 되는 현실, 참으로 암담하다. 신자유주의와 세계화, 빈부격차와 양극화 문제와 함께 따라오는 것이 고용 구조의 악화다. 이로 인한 취업난은 세대 간의 갈등을 부각하는 대목에서도 빈번하게 등장한다. 예컨대 기성세대는 취직 고민 없는 시기에 좋은 직장을 잡아 편하게 살았다고 간주하기도 한다.

1950년대에는 유명한 대학을 나와도 취직을 하기가 만만치 않았다. 이후 경제개발에 따라 한국 경제가 고성장기를 겪으면서 인력들이 대거 필요해졌다. 대졸자들은 전공에 관계없이 취직이 되기도 했고, 대학까지 나왔으니 월급도 더 받았다. 한마디로 대졸자가 많은 회사는 잘나가는 회사였다. 그렇기에 대학은 취직을 위한 좋은 수단이었다. 이에 너도나도 무조건 대학을 보내는 대학입시 교육이 일반화되었다. 그러나 그것은 비정상적인 상황이었다. 전공에 관계없이 대학 출신이라고 취직이 되는 상황은 그리 오래가지 않았다. 산업 시대 때는 기계적이고 단순 업무들이 많아 다시 기업에서 적응시키면 그런대로 인력으로 사용할 수 있었다. 그런데 이제는 저성장 사회다. 각 영역에서 필요로 하는 것은 단순한 능력이나 스킬이 아니라 전문 역량이 되었다. 창조성은 물론 세밀한 역량이 있어야 생산성이 높아지는 상황인 것이다. 따라서 특화된 직업 교육이 없이 대학 출신이라는 이유로 취직 잘 되던 시절은 이제 지나갔다. 그렇기에 독일식 직업 교육이 벤치마킹의 대상으로 언급되기도 하는 것이다.

채용 기준은 '무난한 사람'일 수도 있다

취업 고용시장에는 근본적으로 정보 비대칭성이 존재한다. 기업에서 서류나 면접만을 통해서는 개개인의 실제 능력을 잘 알 수가 없다. 또한 구직자들도 기업에서 원하는 인재가 정확히 어떤 사람인지 내부 사정을 파악하기 힘들다.

한편 개인은 기업을 통해 이익을 얻고, 자아실현을 하려고 한다. 하지만 기업은 회사의 이익을 최우선에 둔다. 그러므로 취직이 되려면 기업에서 원하는 것을 지니고 있어야 한다. 특히 민간 기업은 상품과 서비스를 통해 자신들의 조직을 유지·확장하기 때문에 경제적 이익에 민감하다. 그래서 경제적 이익을 낳는 데 도움이 되는 이들을 우선한다. 게다가 이익의 기준은 대체로 '많으면 많을수록 좋은'이 되거나 '빠르면 빠를수록 좋은'이 되는 경우가 많다. 그러니 기본적으로 직장 생활이 편할 수가 없다. 이는 기업만이 아니라 사람을 고용하는 다양한 조직에 모두 해당한다. 각 조직은 개인의 이익을 위해 존재하지 않는다. 조직의 이익을 위해 개인의 이익을 보장한다.

따라서 스펙이 남부러울 게 없는 사람도 얼마든지 취직이 안 될 수 있다. 제 아무리 능력이 있고 똑똑해도 조직에 맞지 않으면 고용될 수 없다. 조직에서는 조직의 논리를 잘 받아들일 사람을 뽑는다. 예컨대 독립적이고 개성이 강한 사람보다는 무난한 수용형을 선호할 수 있다. 또한 능력이 우월한 사람도 피한다. 능력이 우월한 사람은 언제든지 다른 조직으로 옮길 수 있기 때문이다. 실제로 많은 이들이 경력을 쌓아 다른 조직으로 이동하는 조직은 어수선하고 업무의 일관성이 유지되기 힘든 경우가 많다. 그래서 조직의 의사결정자는 사전 차단 조치를 취한다. 뛰어난 지원자나 고스펙 지원자를 배제할 수도 있는 것이다. 개인은 자신의 이상적인 업무 환경을 최대한 충족해주는 조직에 들어가려 하고 기업이나 조직은 개인을 통제하여 이익을 극대화하는 방법을 모색한다. 이에 기본적으로 개인들이 좋아하는 직장은 들어가기가 힘들다. 거꾸로 그런 조직의 논리를 잘 따를수록 편해진다. 하지만 그러기 위해서는 자신을 잃어야 한다. 공무원 같은 직업을 선호하는 이들이 많지만 어찌 보면 한 조직에 자신을 평생 묻기로 한 데 따르는 대가일 수도 있다.

사실 '빽'의 영향력으로 치면 미국도 만만치 않다. 심지어 미국에서는 추천서에 따라 입학과 채용이 결정되는 일도 빈번하다. 하지만 그것은 어디까지나 추천하는 사람의 권력 때문이 아니라, 추천자에 대한 신뢰 때문에 가능한 일이다. 한국에서 지연과 학연이 심한 것도 여러 관점에서 생각해볼 수 있다. 하나는 고용자에게 '편한 사람'이라는 이점 때문이다. 이를 통해 불확실성을 해소하고 돈독한 관계를 만드는 물적·시간적 과정이나 경비를 줄인다. 그러다 보니 출신 학교나 지역이 같다는 이유로 무조건 밀고 끌어

주는 일도 횡행했다. 두 번째는 한국의 관주도형 경제 체제 때문이다. 특정 학교나 지역 인사들이 정치권력을 좌지우지해왔기 때문에 기업이나 관련 기관, 언론사들도 이들과 쉽고 편하게 통할 수 있는 특정 지역이나 학교 출신을 선호했다.

무한 실적 경쟁에 따라 승진이 이뤄지는 요즘은 학연과 지연의 힘이 예전 같지는 않다. 정부에 줄을 대거나 네트워크를 활용할 일이 줄고, 소비자들을 겨냥한 상품시장 개척은 이제 복마전과 같다. 따라서 구성원들의 출신이 다양해야 하고, 학력을 보지 않겠다는 기업도 생기고 있다. 사회는 갈수록 특정인보다 다양한 이들을 수용하여 이익을 극대화하는 형태로 가고 있다. 이에 따라 고학력자가 더 많은 돈을 받는다는 공식 역시 흔들리고 있다. 노동계에서는 국제 노동시장의 모습을 '글로벌 옥션'이라고 표현한다. 마치 최저가 경매처럼 가장 낮은 임금을 제시하는 노동자가 일자리를 얻는다는 것이다. 지식은 아주 흔해졌고 기업들이 원하는 지식은 얼마 되지 않는다. 기업은 언제든 쉽게 가장 싼 노동 인력을 찾아 곳곳으로 이동할 수 있고, 노동자들은 울며 겨자 먹기로 자신의 노동력에 헐값을 매겨 세일즈 판매에 나서야 한다. 결국 자신이 스펙을 쌓기 위해 얼마나 많은 시간을 기울였는가를 증명하는 일은 점점 설득력을 잃게 될 것이다. 무엇보다 경제구조 자체가 스스로 경영자가 되는 것을 유도하고 있다. 누군가의 의도대로 움직이는 것이 취업의 원칙이다. 이런 상황에서 벗어나는 길은 스스로 조직을 운영하는 것을 목표로 하는 것이다. 대부분의 조직에서는 적은 임금으로 최대의 결과를 뽑아내고, 하위 기업이나 협력 업체와 정당하게 이익을 도모하지 않는다. 그런 곳에서 무엇을 더 바라랴?

가을은 왜
남자의
계절일까?

━━━
남녀의 계절성 질환

━━━
낙엽만 굴러가도 남자는 쓸쓸해진다?

봄은 여자의 계절, 가을은 남자의 계절이라는 말이 있다.
이문세의 〈가을이 오면〉, 김광석의 〈흐린 가을 하늘에 편
지를 써〉 등 가을에 관한 노래는 대부분 남자 가수들이 불
렀다. 게다가 가을 하면 바바리코트 깃을 세우고 낙엽 떨어
진 길 사이를 쓸쓸히 지나는 중년 남성의 모습이 떠오르기
도 한다.

2013년 10월 11일, 맥스무비의 영화 연구소가 총 1,544

• • •

명을 대상으로 조사한 결과 '다른 계절에 비해 가을에 외로움을 더 타는 편인가?'라는 질문에 남성의 59%가 '더 타는 편'이라고 응답했고, '타지 않는 편'이라는 응답은 고작 14%였다. 가을에 유독 외로움을 탄다고 응답한 남성이 여성보다 2.1배가 더 높은 결과였다.

그렇다면 남성들이 가을을 타는 이유는 무엇일까. 우선 자연의 변화와 심리적인 영향을 연결 짓는다. 활동성과 진취성이 많은 남성이 가을에 접어들면서 바깥 활동을 자제하고 겨울을 맞을 준비를 해야 되기 때문에 위축된다.

그 다음으로 일조량의 변화를 꼽는 경우가 많다. 가을에는 햇볕의 양이 부족하기 때문에 항우울 작용을 하는 세로토닌이 줄어든다는 것이다. '계절성 정동장애(계절성 우울증)'의 영향으로 보기도 한다. 보통 사람의 약 15%가 가을이나 겨울이 되면 기분이 좀 울적해진다. 미국 로욜라 대학 연구팀은 "우울증의 일종인 계절성 정서장애는 낮이 짧아지는 계절에 햇볕 노출량이 줄면서 뇌에 화학적 불균형이 발생하기 때문에 나타난다"고 밝혔다. 그런데 이는 남성에게만 해당되는 얘기는 아니다.

비타민 D를 연관 짓기도 한다. 일조량이 줄어들게 되면 비타민 D도 줄어들기 때문에 가을을 탄다는 것이다. 일반적으로 비타민 D는 칼슘을 알맞게 골수로 운반하여 뼈대가 제대로 크게 하는 데 결정적인 역할을 한다. 그런데 비타민 D와 가을을 타는 것이 무슨 관련이 있을까. 가을에는 남성 호르몬인 테스토스테론이 적게 분비된다. 그 이유는 바로 비타민 D가 줄어들기 때문이다.

비타민 D는 남성의 고환에서 테스토스테론이 분비되도록 조절하는 역할을 한다. 따라서 가을에 접어들면서 남성들은 전반적으로 활동성이 낮아지고 성적인 활동 역시 침체된다. 이에 성욕 감퇴나, 발기부전, 조루 현상이 일어난다.

유안진의 시 〈가을 타고 싶어라〉에는 다음과 같은 대목이 있다.

(…)
가을 타는 남자와 그렇게 앉아
달빛에 젖은 옷이 별빛에 마를 때까지
사랑이나 행복과는 가당찮고 아득한
남북통일이나 세계평화 환경재앙이나 핼리혜성을
까닭 모를 기쁨으로 진지하게 들으며
대책 없이 만족하며
그것이 고백이라고 믿어 의심 없이

그렇게 오묘하게 그렇게 감미롭게.

가을 타는 남자와 데이트를 하고 있지만 남자는 연신 세계 평화나 환경문제 등을 논한다. 거대 담론 속에서 자신의 사회적 위치와 성공을 가늠하는 경향이 많은 남성들은 가을이 오면 이상과 야망에 비해 무기력해진 자신의 모습을 발견하기 쉽다. 이때 찾기 쉬운 것이 바로 술이다. 특히 홀로 마시는 술은 과음으로 이어지기 쉽다. 결국 남성에게 요구하는 사회경제적 의무와 과업의 무게가 무거울수록 가을을 타는 남성들이 늘어나게 된다는 가정을 해볼 수 있다.

남녀 불문, 가을볕은 보약이다

하지만 가을을 타는 것은 남성뿐만이 아니다. 일조량이 감소해 기분조절 호르몬 세로토닌이 줄어드는 것은 남녀 공통의 조건이기 때문이다. 호르몬 변화에 민감한 여성들은 가을이 오면 남성들과 마찬가지로 집중력 저하, 만성피로, 초조감, 긴장 등을 느낀다. 가을에 여성들이 피부를 위해 선캡과 마스크를 쓴 채로 운동을 하는 것은 어찌 보면 하얀 피부를 얻고 건강한 마음을 잃는 일이 될 수도 있다.

2013년 9월, 미국 예일대 연구팀에 따르면 같은 나이의 중년 여성 피부를 비교·분석한 결과, 얼굴이 하얀 여성이 검은 여성보다 피부 노화가 2배 가까이 빨리 진행됐다. 무엇보다 멜라닌 색소가 적어 자외선을 제대로 방어하지 못해 흰 피부를 가진 사람은 비타민 D 부족이 발생할 가능성이 2배 이상 높았다. 비타민 D 결핍은 당뇨, 류머티스, 우울증 등을 낳는다. 비타민 D 부족은 햇볕을 적게 쬘 때 생긴다. 비타민 D가 달걀 노른자, 연어·청어 같은 생선, 표고버섯 등에도 있지만, 이는 소량에 머무는 것으로 알려져 있다. 따라서 인체에서 쓰이는 비타민 D의 대부분은 햇볕을 쪼일 때, 피부에서 생성된다.

실내에서 일하는 사람들이 늘어나면서 비타민 D 결핍은 세계적인 문제가 되고 있다. 미국에서는 전체 인구 중 30~50%가 비타민 D 결핍이라는 연구도 있다. 국내에서는 전체 인구 중 80%가 비타민 D 결핍이라는 조사도 있는데, 피부 미용을 지나치게 강조해 일조량이 적은 북유럽보다 비타민 D 결핍 인구가 더 많아졌기 때문이란다. 지난 30년 동안 기상청 관측 자료를 보면, 가을철 평균 습도는 69%였는데, 이는 봄철 63%보다 높았다. 즉, 가을볕은 일사량과 자외선이 적어 봄볕보다 덜 자극적이기 때문에 가을 이후에는 하루에 20~30분 정도 볕을 쐬는 게 좋다. 햇볕은 뼈를 튼튼하게 하고 면역력을 증강시킨다. 편두통 개선(뇌혈관 혈류개선), 수면장애 개선(체내시계의 정상화), 냉증·냉방병 예방 및 개선, 이상단백질의 기능 회복, 우울증 개선(멜라토닌과 세로토닌 균형), 대사증후군 개선(신진대사 촉진, 혈류 활성화), 암 예방 등에도 효과적이다. 특히 높은 연령대의 여성들은 비타민 D 생성이 더뎌지므로, 햇빛을 많이 보아야 한다. 그렇지 않으면 골다공증의 뼈가 더 약해진다. 일본의 연구 결과에 따르면 햇볕이 약해지면 사람들 골밀도가 여름에 비해 평균 8% 낮아졌다. 또한 가을이 되면 남성들만이 아니라 여성들도 머리가 빠진다.

우리는 봄은 여자의 계절, 가을은 남자의 계절이라는 인식을 대중매체를 통해 먼저 접하고, 반복적으로 학습하는 경우가 많다. 이에 따라 상품 마케팅이 이루어지고 여기에 휩쓸리기도 한다. 어떤 이들은 전통적인 사고에 따라 여성들은 생명을 품어야 하기 때문에 봄을 타고, 남성은 추수를 하기 때문에 가을을 탄다고 해석한다. 이런 관점들은 자칫 여성과 남성에 대한 편견과 차별을 낳을 수 있다. 가을을 타는 여성도 많다. 특히 병리적인 징후는 여성들에게도 더 많이 나타날 수 있다.

가을은 풍성한 수확의 계절이기도 하지만 남녀 공히 인간의 결핍과 부족을 체감하게 되는 계절이다. 싱숭생숭한 가을에 '가을 타는 남편'까지 둔 여인의 마음은 어떨지에 대해서도 생각해보는 게 좋겠다.

한국 음식이
점점 달달해지는
이유는?

설탕 롤링 현상

설탕이 식탁에 침투한 역사

설탕을 뜻하는 슈가는 아랍어 '스칼'에서 왔다. 캔디 역시
아랍어 '칸다'에서 왔으며, 설탕을 녹인 물을 뜻하는 '시럽'
역시 아랍어이다. 이렇게 보면 아랍인들이 처음 설탕을 만
들었을 것 같지만, 그보다 앞선 쪽은 인도인들이었다. 그들
은 사탕수수의 즙을 짜서 모은 뒤 정제한 설탕을 종교의식
에 사용하곤 했다. 한편 그리스인들이 '달콤한 갈대'라고
불렀던 사탕수수는 뉴기니에서 출발해 8세기 이후 무어인

들에 의해 키프로스, 몰타 등 지중해 동부 지역으로 경작법이 전파되었다. 이때 설탕 제조 기술 역시 함께 전해졌다. 하지만 사탕수수는 열대나 아열대에 적합한 작물이었기 때문에 유럽의 기후에 적합하지 않았다.

신대륙이 발견되면서 사탕수수는 새로운 전기를 맞는다. 16세기 스페인은 서인도 제도에 사탕수수를 대규모로 재배하기 시작한다. 17세기 영국은 스페인을 축출하고, 설탕 주도권을 잡아 막대한 부를 쌓았다. 광활한 신대륙에는 엄청난 규모의 사탕수수가 재배되었고, 가격이 저렴해지면서 유럽인들은 설탕의 매력에 푹 빠졌다. 이후 설탕에 대한 수요가 늘어나면서 생산 노동력을 확보하기 위해 아프리카의 흑인을 납치해왔다. 노예가 된 흑인의 96%는 카리브해와 남아메리카의 사탕수수밭에서 일했다. 1880년대 사탕무에서 나오는 설탕이 사탕수수 설탕을 앞질렀던 적도 있지만 지금은 사탕수수에서 추출한 설탕이 60%를 차지한다.

설탕은 처음에 왕실이나 귀족, 부유층들의 소비 품목이었기 때문에 부와 지위의 상징이었다. 설탕은 신열, 가슴통증, 위장 질환, 나아가 흑사병의 치료제로 사용되기도 했다. 육류, 어류, 채소의 맛을 좋게 하는 향신료였고, 심지어 각종 이벤트와 축제의 장식물로 사용되어 부를 과시하는 수단으로 사용되기도 했다. 그러다가 18세기에 들어서면서 쓴 차가 유행하고 설탕이 감미료로 사용되었다. 영국은 처음에는 보호무역주의에 따라 자국의 설탕 산업을 보호했지만, 생산량이 증가하면서 새로운 유통처가 필요해지자 자유무역을 주장하기 시작했다. 결국 19세기부터 차별적인 관세를 폐지하고, 전 세계에 설탕이 공급되었다.

설탕이 우리 역사에 등장하는 것은 고려 명종 때이다. 이인로의 『파한집』에는 중국에서 후추와 함께 들어온 설탕이 약재로 쓰였다고 적혀 있다. 일제강점기 때의 설탕은 대부분 일본에서 수입한 것이었다. 그러다가 1953년 부산에서 제일제당공업CJ이 설탕을 본격적으로 생산하기 시작했다. 이제 설탕은 서민들도 시중에서 저렴한 가격에 사 먹을 수 있게 되었고, 우리가 먹는 대부분의 식품에도 설탕이 들어간다. 떠서 먹는 요구르트 하나에도 30g 정도의 설탕이 들어가는데 이는 하루 권장량의 50%를 넘는 양이다. 퓰리처상 수상 NYT기자인 마이클 모스는 『배신의 식탁』에서 현대인들은 하루 평균 22스푼의 설탕을 먹고 있다고 밝혔다. 설탕은 커피믹스는 물론 청량음료나 희석된 주스에도 빠지지 않는다.

설탕이 설탕을 부르는 설탕 롤링 현상

단맛은 기분을 좋게 하고 피로를 풀어준다. 화가 나거나 우울한 이유는 스트레스를 받으면 분비되는 코르티솔이라는 물질 때문이다. 코르티솔은 포도당의 원활한 움직임을 방해하는데, 이 때문에 단 음식을 생각나게 만든다. 그런데 우리가 흔히 먹는 음식에 주로 들어간 당분은 설탕과 같은 복합당이 아니라 일원당이다. 단순당이라고도 불리는 일원당은 인체에 바로 흡수되어 혈당을 낮추는 인슐린을 분비시킨다. 문제는 단 음식이 한 번에 급속히 들어오기 때문에 인슐린이 과다하게 분비된다는 점이다. 그렇게 되면 다시 단것이 먹고 싶어져 악순환이 반복된다. 이른바 '설탕 롤링 현상'이 일어나는 것이다. 설탕 롤링 현상이 일어나면 일시적으로 기분이 좋아지지만, 혈당이 떨어져 집중력이 저하되고 무기력에 빠지게 되는데, 이에 우울함을 느끼고 스트레스를 받아 다시 설탕을 찾는 패턴이 반복된다. 더구나 설탕과 같은 단순당은 다른 영양분이 없기 때문에 영양 불균형을 불러온다. 이에 복부 비만을 유발해 거미형 인간이 되기 쉽다. 설탕 중독은 당뇨병, 간질환 같은 육체적 질병은 물론 양극성장애, 주의력 결핍장애, 정신분열증을 낳는다. 무엇보다 인슐린은 지방 분해를 억제하기 때문에 지방 축적과 내장 비만을 낳는다. 성인병의 원흉 역시 설탕이다. 설탕은 백혈구의 단핵구를 줄여 면역력을 약화시키기도 한다. 단핵구는 세균이 침입하면 아메바처럼 감싸 처리하는 면역 세포이다. 단핵구가 줄면 감기가 폐렴으로 쉽게 전이되고, 여성은 생리통이 더 심해진다. 최근의 연구 결과들은 설탕을 많이 섭취하면 여드름이 증가하고 과도한 설탕 섭취가 칼슘을 앗아가 뼈를 약하게 한다고 밝히기도 했다.

2013년 《심리과학저널》에 실린 미국 마이애미 대학 연구팀의 조사에 따르면 사람들은 불경기에 군것질을 더 많이 하는 것으로 나타났다. 연구를 이끈 줄리아노 라란 교수는 "사람들이 경기 불황, 정치적 이슈, 전쟁, 총기 난사 사건 등 우울한 소식을 접하면 높은 칼로리의 음식을 찾게 된다"고 했다. 스트레스 지수로 따지면 남부러울 게 없는 우리나라 역시 단맛에서 자유로울 수 없다. 신경정신과 질환으로 진료를 받는 환자 수가 해마다 증가하고 있으며, 취업난과 불황 등으로 경쟁이 치열해질수록 손쉽게 피로감과 스트레스를 해결할 수 있는 단 음식을 찾고 있다. 초콜릿, 케이크, 음료뿐만 아니라 떡볶이, 짜장면, 심지어 야채 샐러드의 소스까지 더욱 더 달짝지근해지고 있다. 특히 청소년들의 당분 섭취량은 하루 평균 69.6g으로, 국민 평균(61.4g)보다 13%나 많았다(식품의약품안전처, 2013년 기준). 설탕 업체에는 간혹 요즘 설탕은 왜 달지 않느냐고 항의 전화가 걸려온다고 한다. 하지만 설탕이 변한 것이 아니라 사람들이 더 달달한 맛을 찾게 되는 사회적 환경에 놓인 것일 뿐이다.

내 지갑을
여는 것은
내가 아니다?

■■■ 소비를 결정하는 요소들

■■■ 이건 반드시 사야 돼, 왜냐면 사야 되니까!

영화관에 가면 자연스럽게 팝콘과 콜라가 생각난다. 겨울
철 거리를 걷다 보면 따끈한 오뎅 국물이 구미에 당긴다.
특정 음식을 어떤 장소나 환경에서 반복적으로 먹은 경험
이 있으면, 다시 그곳에 갔을 때 뇌가 해당 음식을 찾는 것
이다. 이 정도는 다 알려진 사실인데 미국 남가주대 연구팀
의 실험은 색달랐다. 극장을 찾은 관객 100여 명에게 갓 튀
긴 맛있는 팝콘과 일주일이 지나 눅눅한 팝콘을 나누어 제

공하고 먹는 양을 보았다. 그러자 갓 튀긴 팝콘을 먹는 쪽이나 눅눅한 팝콘을 먹는 쪽이나 먹는 양은 별 차이가 없었다. 하지만 극장이 아닌 공간에서 각기 다른 팝콘을 먹게 했더니 눅눅한 팝콘을 제공받은 쪽이 덜 먹었다.

주류 경제학에서는 인간을 '호모 이코노미쿠스'로 보고 자신이 원하는 물건을 합리적으로 판단하여 구매하는 존재로 상정한다. 하지만 현실에서는 그렇지 않은 일들이 더 많다. 우리가 모르는 사이, 의지 외의 요인들이 소비를 일으키는 것이다. 즉, 소비는 합목적적으로 이루어지지 않으며, 사람들은 기분과 감정에 따라서 꼭 필요하지 않아도 상품이나 서비스를 구매하게 된다.

홧김에 과식을 하는 것처럼, 우울한 기분은 충동구매를 부른다. 2009년 '심리과학 저널'에 실린 미국 하버드대 공공정책과 제니퍼 러너 교수 팀의 연구에 따르면 한쪽에는 슬픈 영화를 보여주고 다른 쪽에는 다큐멘터리를 보여주었더니 슬픈 영화를 본 이들이 형광펜을 30% 이상 더 샀다. 여성의 월경주기도 소비에 영향을 준다. 월경을 앞두고 호르몬 변화 등에 의해 우울감, 분노, 슬픔 등을 유발하기 때문이다. 그래서 많은 여성들이 당장 필요하지 않은 화장품이나 가방, 신발 등을 구매하면서 스트레스를 해소한다.

때로는 외로운 기분을 덜고 소속감을 찾기 위해 무언가를 소비하기도 한다. 가령 아이폰이나 아이패드를 사는 이유 중 하나로 같은 유저끼리 공감대를 느낄 수 있기 때문이라는 점을 빼놓을 수 없다. 소외된 이들은 특정 집단에 소속될 수 있다면 지출을 거리낌 없이 하는 경향이 있다. 특정 집단에 대한 열망은 마니아적 성향으로 흐르기도 한다. 특정 브랜드나 스포츠 팀을 자신과 동일시하면서 충성고객이 되어 반복적인 소비로 이어지는 경우가 그렇다. 실용성 차원의 만족이 아니라 심리적인 차원의 만족을 추구할 때는 이런 동일시가 중요하게 작용한다.

중간 크기를 선호하는 경향도 빼놓을 수 없다. 2008년 미국 듀크대 경영학과 호세 후버 교수 팀이 《소비자 연구》에 발표한 자료에 따르면, 사람들은 가장 큰 것과 가장 작은 것은 주문하지 않는 경향이 있었다. 12온스가 있을 때는 16온스 음료수를 주문하던 사람이 16온스 음료수가 가장 작은 사이즈가 되면 21온스를 주문했다. 큰 사이즈도 마찬가지였다. 32온스가 가장 클 때는 21온스를 주문하던 사람들이 44온스가 가장 크면 32온스짜리를 주문했다. 사람들은 자신이 마시고 싶은 양을 가늠할 때 메뉴 상에서 중간 정도의 크기를 선호하는 것이다. 판매자 입장에서 이를 이용하면 가장 큰 것과 가장 작은 것을 조정해서 음료수 판매량을 늘릴 수 있게 된다.

'심리적 반항Psychological reactance'도 있다. 이는 자신이 쓰던 물건을 누가 인위적으로 못 쓰게 하면 그것에 대한 선호도가 더욱 높아지는 현상을 말한다. 1972년 미국 플로리다 주 마이애미에서는 환경오염 문제로 인㶑이 들어간 가루비누의 생산과 판매를 금지했다. 그러나 플로리다 템파에서는 인이 들어간 가루비누를 그대로 두었다. 이후 마이매이 사람들은 인이 들어간 비누를 더욱 더 찾기 시작했다. 더이상 소비할 수 없다는 점이 선호도를 높인 것이다. 이와 비슷하게 한정판을 보면 사야 할 것 같은 심리도 있다.

지금도 당신을 유혹하는 이분법

사람들은 적은 정보를 가지고 쉽게 본질을 파악하려고 하거나 의사를 결정하려 한다. 이에 가장 잘 맞는 사고법이 이분법이다. 나와 너, 남자와 여자, 하늘과 땅, 선과 악, 흑과 백, 아군과 적군, 전후, 사랑과 미움, 음과 양, 안과 밖, 결혼과 이혼 등이 그 예이다. 크룩스는 '예쁜 신발과 편한 신발'이라는 기존의 틀을 깨고 '부담스러운 신발과 싸고 편한 신발'이라는 새로운 이분법을 만들었다. 크록스는 신발을 처음 내놓은 2003년 첫해에 고작 120만 달러어치를 팔았지만 2008년에는 무려 8억 5천만 달러어치를 팔아 5년 만에 700배가 넘는 성장을 이뤘다. 스톨리치나야 보드카 역시 '진짜 러시아산 보드카와 짝퉁 러시아산 보드카'라는 이분법을 만들었다. 그리고는 "미국산 보드카의 대부분이 마치 러시아에서 제조한 것처럼 보입니다. 그러나 그것들 대부분은 미국에서 만들어졌습니다"라고 광고했다. 결과는 대성공이었다. 사람들은 크게 두 가지 범주로 나누었을 때 상대적인 비교를 통해 판단을 쉽게 할 수 있다고 생각한다.

스큐드skewed는 오랫동안 같은 패턴이 이어지면서 어느 한쪽으로 굳어져 버린 개념, 행동, 현상 등을 의미한다. 이러한 스큐드가 인간의 머릿속에 꽉 차 있다면 사람들은 의식이나 이성이 아니라 무의식에 따라 비이성적이고 비합리적인 결정 행위를 할 것이다. 장 보드리야르는 『소비의 사회』에서 소비의 부정적인 점을 드러냈다. 소비는 자본주의 사회에서 과잉이다. 그야말로 소비 자본주의다. 그러나 소비 자체를 없앨 수 없는 것이 인간이기도 하다. 인간은 소비하는 존재이고 소비가 있어야 창조도 존재할 수 있다. 다만 소비를 통해 채우려는 것이 나의 행복인지, 나를 낚으려는 누군가의 전략인지에 대해서는 지갑을 열기 전에 한 번쯤 고민해본다면 좋을 것이다.

5장 • 요즘 왜 이럴까

도대체 옛날에는 아이를 어떻게 키웠을까?

출산과 육아에 대한 공포

온 마을이 아이들을 키우던 시절

한국보건사회연구원의 조사(2013년 기준)에 따르면 자녀 1인당 대학 졸업(22년간)까지 드는 총 양육비는 3억 원이 넘는다. 2010년(2억 6천만 원가량) 대비 상당한 폭으로 증가한 것이다. 돈이 없어서 출산과 양육을 포기한다는 말이 엄살처럼 들리지 않는 시대가 되었다.

　　과거에도 아이를 낳아 기르는 데는 많은 돈이 들어갔다. 다만, 전통 사회에서는 양육을 분담할 수 있었기 때문에 경제적으로 합산되지 않았을 뿐이다. 반면에 자본주의 사회에서는 뭐든 돈이 들어간다. 문제는 한국 사람들이 이를 생각할 틈도 없이 살아왔다는 점이다. 조부모 세대는 말할 것도 없고, 부모 세대조차 도시화와 함께 사회가 빠르게 자본주의 체제로 변했다는 것을 알아차리지 못했다. 한국의 자본주의는 유럽처럼 스스로 선택한 것이 아니라 갑작스럽게 출현했다. 전통 사회의 규범과 가치 그리고 삶의 노하우는 전승될 틈이 없었고, 세대 간의 단절로 인한 갈등은 출산과 육아의 영역에도 스며들었다.

조선 시대의 노비들은 피죽도 못 먹는 상황에서 아이를 낳아 길렀다. 가부장적인 전통 사회에서는 자신의 몫은 가지고 태어난다는 생각이 있었다. 아이를 낳는 것은 경제적으로 책임질 수 있는지 여부를 떠나서 미덕이 되었고, 통치 이데올로기와도 맞물렸다. 여성의 출산과 양육이 당연히 해야 하는 역할과 기능이었으니, 현모양처라는 평가야말로 최대의 칭찬이었을 것이다. 알파걸과 골드미스가 주목받는 오늘날과는 확연히 다른 기준이다.

농업을 기반으로 하는 대가족 사회에서는 품앗이, 울력 등으로 서로가 농사일도 봐주고 아이도 봐줄 수 있다. 많은 수의 아이를 낳을수록 일종의 '규모의 경제'도 작동한다. 밥상을 차려도 한 아이를 위해 밥을 차리는 것보다 여러 아이가 먹을 밥을 차리는 것이 개인당 밥상을 차릴 때 드는 단가가 낮아진다. 비슷한 또래의 아이들이 작은 사회를 형성해 서로가 놀이 대상이 되거나, 큰 아이가 작은 아이의 교육을 겸하기도 한다. 아프리카 속담에 아이 한 명을 키우는 데 온 마을이 필요하다고 한 것은 그만큼 아이의 양육이 개인적인 차원에서만 이뤄지지 않는다는 점을 말해준다.

책임과 부담은 집착으로 이어지고

자본주의 사회의 핵가족은 양육의 책임이 부부에게 집중된다. 게다가 적극적인 경제활동을 하는 사람을 제외한 누군가의 전적인 희생이 따를 수밖에 없는데, 그것은 주로 여성의 몫이 된다. 가족 간에도 공짜 양육은 없다. 2011년, 트렌드모니터에서 실시한 기혼 남녀들의 황혼 육아 설문 조사에서 타인이 자녀를 양육해야 할 경우 지불할 자녀 육아 비용으로 50만 원(유자녀 응답자 23.1%, 무자녀 응답자 34.9%)이 적절하다고 생각하는 의견이 가장 많았다. 이는 황혼의 부모님에게 육아를 맡길 때도 그대로 적용되어 현금 차원의 지불이 이루어진다. 황혼의 부모 역시 자본주의 사회에서는 경제 주체이기 때문이다. 이전의 어느 세대도 겪어 보지 못한 일이 지금 세대에게 닥치고 있다. 오로지 개인들이 모든 책임을 져야 하는 사회에서 결혼과 출산, 육아에 대한 두려움과 공포가 생기는 것이 당연하다.

양육에 대한 무거운 책임과 교육비 지출에 대한 부담은 자녀에 대한 과도한 집착과 보상 심리로 이어진다. 하나를 낳아서 제대로 키우자는 생각은 하나가 잘못되면 어쩌나 하는 불안을 안겨주게 마련이다. 모든 관심이 자녀에게 집중하는 것을 모성애나 부성애로 합리화할 수도 있지만 대체로 부모의 소유 의지인 경우가 많다. 이는 자녀들의 결혼 생활에 대한 개입으로 이어져 '시월드' 문제를 양산하기도 한다. 하지만 부모의 집착은 결국 집착으로 인한 배신을 낳는 법이다. 조지메이슨 대학 경제학과 브라이언 캐플런 교수는 과도한 보호와 관심 대신 자식의 인생으로부터 한 발 물러나는 것이 부모의 불행을 막는 길이라고 했다.

현재 결혼 적령기에 속하는 세대가 가지고 있는 출산과 육아에 대한 두려움은 사회 체제와 경제 구조에 밀접하게 연관되어 있다. 이전 세대는 전통 사회에서 살았기 때문에 자신들이 치르지 않아도 됐던 비용이나 자원 소모를 간과하고, 그것을 전제한 후에 저출산과 인구 감소를 문제 삼았

다. 하지만 현실적으로 출산과 육아가 힘든 구조가 존재한
다. 돈이 많이 들기 때문에 아이를 낳기가 두렵다는 말은
그저 빙산의 일각일 뿐이다.

슈퍼스타가
99%를 가져가는
이유는 뭘까?

승자 독식의 고리

승리는 오직 유일한 것

19세기 후반 이탈리아의 경제학자 빌프레도 파레토는 "이탈리아 인구의 20%가 이탈리아 전체 부富의 80%를 소유하고 있다"고 했다. 그런데 슈퍼스타 경제학에서는 이보다 더 심하다. NBA 선수 가운데 절반은 200만 달러 이상을 받고 평균 연봉은 500만 달러 이상이다. 미국 상위 1%에 속하는 가계 수입에 비하면 5배 이상의 수입이다. 그중에서도 슈퍼스타는 연간 2천5백만 달러를 번다. 미국 중·고

교 스포츠팀의 라커룸에 가장 많이 붙어 있는 표어는 "승리는 전부가 아니다. 오직 유일한 것이다"인데, 이는 미 풋볼계의 전설 빈스 롬바르디가 한 말이다. 그만큼 미국에는 슈퍼스타에 대한 열망이 일반화되어 있다.

미국 시카고대의 셔윈 로젠 교수는 1등을 차지한 사람이 2등과 비교할 수 없는 막대한 수익을 얻는 현상을 '슈퍼스타 경제학'이라고 개념화했다. 이는 '승자 독식 현상winner takes all'과 맥이 닿아 있다. 특히 스포츠, 연예계, 예술계 등 작은 차이가 엄청난 결과를 낳는 영역일수록 승자 독식 현상이 두드러진다. 엄청난 혜택 때문에 누구나 승자 혹은 슈퍼스타를 꿈꾼다. 관련 학과에는 연예인 지망생이 넘쳐나고, 초등학교 저학년 때부터 미래의 스포츠 스타를 꿈꾸며 혹독한 연습을 한다. 하지만 그중 극소수가 거의 모든 것을 가져간다. 어떻게 이런 현상이 나타나는 것일까.

먼저 경제학적으로는 다른 사람들이 할 수 없는 일을 한다는 희소성 때문이다. 스포츠 스타들은 독보적으로 높은 승률의 경기 결과를 만들어내고, 인기 연예인들은 영화나 드라마 등에서 흥행의 보증수표가 된다. 승자 독식 현상은 교통과 통신이 발달하면서 더욱 심화된다. 세계화 역시 슈퍼스타 경제학을 구성하는 토대가 된다. 인터넷과 SNS 등을 통해 한 번에 많은 사람들이 스포츠나 영화, 영상물을 볼수록 슈퍼스타의 몸값은 올라간다. 즉, 주목과 관심이 어마어마한 수익을 창출하는 것이다.

데이비드 리카도의 차액지대론에 따르면, 기름진 땅에 있는 이들은 많은 수익을 얻는다. 그러므로 일단 기름진 땅으로 이동해야 한다. 기름진 땅이란 다름 아닌 많은 사람들의 이목이 집중되어 있는 곳이라고 할 수 있다. 슈퍼스타가 되기 위해 유럽이나 미국으로 몰려가는 현상도 이와 같다. 한국으로 치면 일단 서울에 가야 한다. 방송국, 신문사, 영화사, 공연 극단, 연예 기획사 등이 모두 서울에 있기 때문이다.

다들 주연을 꿈꾸면 조연은 누가 하나

실패할 가능성을 무릅쓰고 슈퍼스타가 되려는 까닭은 한 번 뜨고 나면 당분간 높은 수익을 받기 때문이다. 복잡계 경제학자인 브라이언 아서는 이를 '고착 효과lock-in'로 설명한다. 슈퍼스타는 유명세가 영향력을 발휘하는 동안에는 성과에 관계없이 고액을 받는다. 물론 슈퍼스타들이 실질적인 가치에 합당한 생산을 해내지 못한다는 인식도 존재한다. 케네스 로고프 하버드대 경제학 교수는 다음과 같이 말한 바 있다.

"대중은 주식 브로커나 기업 임원이 경쟁자를 짓누르고 부를 더 축적했다고 할 때 그를 마치 절도범 대하듯 나쁘게 평가한다. 물론 전문 스포츠나 엔터테인먼트 이외 분야의 슈퍼스타 임금에 대한 대중적인 멸시도 여전하다. 특히 한 사람의 수입이 다른 사람의 손실로 이어지는 제로섬 게임이 이루어지는 분야는 그 멸시와 분노의 강도가 더 세다. 반면 타계한 스티브 잡스처럼 실질적인 혁신과 품질 향상을 낳은 기업인의 수입에 대해서는 관대한 편이다."

스티브 잡스를 낳은 미국의 경제 모델은 슈퍼스타 경제학의 좋은 예라고 볼 수도 있다. 『슈퍼스타의 경제학』을 쓴 오마에 겐이치는 미국 안에 끊임없이 생산적 변화가 이어지는 시스템이 구축되어 있어 미국이 세계적인 경쟁력을 가진다고 보았다. 이 시스템은 늘 더 새롭고 좋은 것을 내놓는 경쟁을 통해 패자는 철저히 도태시키고 승자에게 힘을 몰아준다. 그리고 푸대접을 받은 패자가 철저한 자기변신을 통해 다시 승자가 될 수 있는 시스템이라는 것이다. 미 뉴욕 닉스의 프로농구 선수 스테판 마버리는 "나는 내 딸에게 져도 괜찮다는 말을 절대 하지 않는다. 우리 사회에서 패자에게 돌아오는 보상은 하나도 없다. 승리가 아니고서는 성공할 수가 없기 때문이다"라고 했다.

그런데 문제는 슈퍼스타가 탄생하는 과정이 공정하지 않은 경우가 많다는 점이다. 케네스 로고프 하버드대 경제학 교수는 "스포츠 팀도 여타 기업들처럼 정부에 적극적으로 로비를 펼친다. 프로 스포츠는 대부분 국가에서 독점적으로 운영되는데, 상위 팀은 자유롭게 경기장을 선점하고 국가의 다양한 특혜를 누린다"고 말한 바 있다. 로비를 잘하는 단체에 소속될수록 슈퍼스타가 될 확률이 높을 것이다. 이는 마치 대형 기획사에 들어가면 데뷔와 유명세가 보장되는 원리와 같다.

슈퍼스타에 대한 과잉 경도가 낳는 부작용도 빼놓을 수 없다. 슈퍼스타를 꿈꾸는 이들이 몰릴수록 각 개인이 슈퍼스타가 될 확률은 떨어진다. 스타 지망생들은 도전이 실패한 뒤에 현실 부적응 상태를 보이기도 한다. 마치 판검사를 꿈꾸며 고시에 실패한 이들이 다른 분야에 진입해도 만족하기 힘든 것과 비슷하다. 만약 이들이 적성과 능력에 따른 취업과 진로 훈련이 덜 되어 있을 때, 개인적으로나 사회적으로 막대한 시간과 비용이 들게 된다.

경쟁이 치열해질수록 이미 슈퍼스타의 자리에 있는 쪽도

불안해지기는 마찬가지다. 언제 자리를 뺏길지 모르기 때문이다. 급기야 운동선수들은 자신의 몸에 약물을 투여하기도하고, 인기 연예인들은 도박이나 마약 등에 손을 뻗치거나강박적으로 시술이나 성형을 감행하기도 한다. 한편에서 평범한 일상을 살아가는 보통 사람들은 자신의 5년 치 연봉을CF 한 편 찍고 받는 연예인을 보며 박탈감을 느낀다. 이쯤되면 승자가 누구고 패자가 누군지 알 수가 없다.

암울한 현실에
젊은이들은
왜 짱돌을 안 들까?

기성세대의 책임과 유산

저축을 포기한 청년들

비정규직과 고학력 저임금에 내몰리는 젊은이들에게 '짱돌'을 들자고 촉구한 책 『88만원 세대』는 사회과학 서적으로는 전례 없이 놀라운 판매고를 기록한 바 있다. 세대를 지칭하는 용어로 100만 원이 채 안 되는 돈의 액수를 붙여 놓았으니 청년들이 처한 현실에 와 닿는 강렬하고 자극적인 제목의 책임에 틀림없다. 하지만 이 책을 본 청년들이 과연 짱돌을 들어야겠다고 생각했을까. 이들에게 세상의 모순에 관심을 갖고 저항적으로 나서는 행위들은 더 이상 찬탄의 대상이 되지 못하는 듯하다. 앞선 세대의 유산 때문이기도 하다. 학생운동이나 노동운동을 주도한 이들은 사회 변화를 위해 노력했지만 결국 맥없이 무너졌고, 기득권층이 되어 비정규직 천국을 만드는 데 일조했다. 적어도 청년들의 눈에는 그렇게 보일 가능성이 크다. 게다가 농업이나 어업 기반의 농촌에서 자라나 청년기에 도시로 이주했던 기성세대와는 달리, 청년들 대다수는 도시에서 태어나고 성장했다. 도시에서 삶을 꾸려가는 데 익숙하고, 소비 중심의 문화에도 익숙하다. 앞으로의 전망이 어두울수록 청년들은 현재의 소비를 늘린다.

불굴의 노력으로 한 푼 한 푼 절약해 마침내 '내 집'을 마련하곤 했던 기성세대는 저축을 위해 먹고 싶은 것, 입고 싶은 것을 꾹 참았다. 하지만 청년들은 먼 미래의 꿈을 위해 지금 원하는 것을 포기하지 않는다. 오히려 무엇을 소비해야 할지를 고민하느라 '결정 장애 세대'라는 말도 나왔다. 월급을 아껴서는 도무지 목돈을 마련할 길이 보이지 않으니 대박을 노리는 심리도 강해졌다. 선망의 대상이었던 의사나 변호사 같은 직업도 실상은 힘든 일이라는 것이 알려지고, 대기업 사원도 결국 월급쟁이에 불과하다는 것을 인식하게 되었다. 그래서 저마다 한 해에 수십 억을 버는 연예인, 즉 셀러브리티가 되려고 한다. 오디션 프로그램에는 해마다 수천 수만 명의 젊은이들이 몰려든다. 어찌 보면 짱돌을 드는 것보다 오디션에 합격해서 유명인이 되는 편이 더 확률이 높은 싸움이라고 생각하는 것인지도 모른다.

청년들이 가진 최후의 보루는 상속?

그런데 청년들이 짱돌을 들지 않는 또 하나의 이유가 있다. 그것은 바로 '상속'이다. 가족주의가 강한 한국 사회에서는 대부분의 재산을 자녀에게 물려준다. 게다가 자녀의 수는 대체로 한두 명인 경우가 많다. 그렇기 때문에 부모 두 사람이 형성한 재산은 온전히 한두 명의 자녀 몫이 된다. 언젠가는 상속을 받는다는 가정하에서, 자녀들은 자신의 부모가 소유하고 있는 아파트 가격이 떨어지는 것을 원치 않을 것이다. 그래서 윤택한 가정에서 자란 젊은이일수록 보수적인 정당을 지지하는 경우가 많을 것이라는 가정을 해볼 수도 있다. 또한 부모가 재산을 사회에 기부하는 등 자녀에게 상속하지 않겠다고 선언한다면, 세대 간의 갈등은 걷잡을 수 없이 격화될 것이다.

● ● ●

마지막 순간에 남기는 재산만 유산이라고 볼 수도 없다. 성인이 된 이후에도 부모로부터 물질적인 지원을 받고 있다면 그것 역시 일종의 유산인 셈이다. 특히 취업을 준비하는 취준생, 몇 년째 공무원 시험을 준비하는 공시족 등 과거와는 달리 수험 생활을 하는 젊은이들의 수가 많아지면서 길게는 20대 시절의 대부분을 부모의 지원 아래서 보내는 경우도 생긴다. 그러다 보니 부모가 자녀의 인생에 과도한 개입을 하거나, 자녀가 부모의 지원을 너무도 당연하게 생각하기도 한다.

한편 부모의 지원이나 유산을 받을 가망성이 도무지 보이지 않는 청년들도 존재한다. 이들은 이전 세대가 모든 것을 장악해버렸다는 담론에 공감하기 쉽다. 하지만 겉으로는 기성세대의 부유함을 비판하면서도 그것이 자신의 부모라면 이야기가 달라진다. 예컨대 금수저 흙수저 논란이 격하게 불거진 것도 이러한 맥락에서 이해할 수가 있다. 얼핏 보면 금수저를 물고 나온 사람들, 부모를 잘 만난 이들을 비판하거나 부유한 집안 출신들이 떵떵거리며 사는 일이 공고화되는 사회를 비판하는 것처럼 보이지만, 사실은 질시의 감정이 담겨 있기도 하다. 금수저와 흙수저의 구조를 깨고 싶은 것보다는 금수저 집안의 소속이기를 바라는 것이다. 엄밀하게 말하면 자신의 부모가 그런 부유한 재산을 갖고 있지 않은 것이 불만인 셈이다. 만약 그런 재산을 가진 부모로 바꿔준다면, 당연히 이런 흙수저론은 쏙 들어갈 것이다. 금수저 흙수저 논란 역시 '유산 상속'이라는 프레임 안에 있는 셈이다. 이런 프레임 안에 있는 사람들은 흙이라도 물려받길 바라며, 쉽사리 유산 프레임을 붕괴시키지 않는다. 그것을 붕괴할 수 있는 이들은 거꾸로 금수저 흙수저 논란에서 벗어나 있을 것이다.

말콤 글래드웰은 『아웃라이어』에서 빌게이츠나 스티브 잡스가 성공한 것은 그때 태어났기 때문이라고 했다. 사회경제적 배경이나 타이밍을 빼놓고, 기성세대와 청년의 처지를 동일 선상에서 비교할 수는 없다. 분명한 것은 다가오는 저성장 시대에는 고성장 시대의 성공 신화가 통하지 않을 것이라는 점이다. 또한 기성세대가 짱돌을 들었던 방식을 청년들에게 요구하는 것 역시 통하지 않을 것이다.

가난을
미화하지 말아야
하는 이유는?

안빈낙도의 통치 철학

전 국민이 청빈하게 사는 나라?

『논어』술이逑而편을 보면 다음과 같은 대목이 있다.

> 나물 먹고 물 마시고飯疏食飲水
>
> 팔을 베고 누었으니曲肱而枕之
>
> 즐거움이 그 안에 있고樂亦在其中矣
>
> 의롭지 않게 부귀를 누림은不義而富且貴
>
> 나에게는 뜬구름과 같다於我如浮雲

• • •

193

동양에는 특히 안빈낙도安貧樂道를 이상적인 삶으로 보는 사상이나 예술 작품이 많다. 검소하고 가난하지만 편안한 마음으로 도리를 지키는 삶을 예찬하는 것이다. 조선 후기의 학자 김만중의 소설 『구운몽』에서도 성진의 꿈같은 일생을 통해 부귀공명이 헛되다는 점이 잘 드러나고 있다. 이런 생활 태도는 개인의 인생에는 충분히 도움이 될 수 있다. 당장 가질 수 없는 부와 명예에 집착하기보다 지금 누리는 것들에서 행복을 찾는 삶의 태도는 현재까지도 유효한 가르침이다. 하지만 국가 단위로 넘어가면 다르다. 전 국민이 나물 먹고 물 마시고 팔을 베고 누울 수는 없는 일이다. 하지만 조선은 그런 나라를 만들었다. 물자 생산과 유통·매매를 금지하고, 오로지 농어업 생산물을 통해 검박하게 사는 나라를 만들고자 했다. 조선의 통치 이데올로기는 공자의 가르침을 바탕으로 한 유학이었다.

　조선에서 편찬한 『고려사』에는 검소하고 청빈한 관리들만 칭송의 대상이 되고 있다. 이는 『조선왕조실록』은 물론이고 사대부들의 시詩와 부賦 그리고 각종 문헌에서 드러난다. 이전의 고려는 달랐다. 한국이 코리아로 알려진 것도 고려 상인들과 군사들, 그리고 지방의 세력가들이 적극적으로 해외 활동을 했기 때문이다. 하지만 조선이 들어선 뒤

중앙집권적 지배 체제의 확립을 통해 이런 활동들이 모두 억제되었다.

국가의 통치 이데올로기로 가난과 안빈이 미덕이 되자 개인뿐만 아니라 나라 전체가 완전히 바뀌었다. 비상시를 대비해 국고를 채우고 제대로 된 군대를 키우지도 못했다. 결국 임진왜란과 병자호란으로 혼란을 겪다가 말기에는 열강의 침입을 받아 일제 식민지의 나락에 떨어지는 참담함을 맛보아야 했다. 문제는 세도정치나 부패한 왕실뿐만이 아니라 근원적으로 소박함만을 강조하는 선비 문화에 있었다. 선비의 고고하고 소박한 생활을 뒷받침했던 것은 아마도 여성들의 헌신과 희생이었을 것이다. 선비들이 나물 먹고 물 마시고 글공부를 하고 있을 때, 가족들은 그들을 위해서 피나는 노동을 했을 것이다. 그러는 가운데 자식들은 피죽이라도 먹었을까.

가난은 그저 질병과 슬픔을 준다

아직도 조선 시대의 유습이 남아 있어서 그런지 가난을 예찬하는 이들이 있다. 막연한 귀농 생활의 평화를 꿈꾸기도 하지만, 대부분 꿈에 그치는 경우가 많다. 밥 벌어 먹고 교육 시키고 한 몸을 누이기 바쁜 와중에 전원 회귀농에 농사가 웬 말일까. 가난은 절대 좋은 것이 아니다. 하지만 사람들은 도시 공간이 주는 혜택은 생각하지 않고 한가로운 자연을 동경하는 우를 저지르고 만다. 개인은 혼자 살 수 없으며 그가 연관을 맺고 있는 사회 시스템의 직간접적인 영향을 받는다. 무엇보다 가난을 미화하지 말아야 하는 이유는 다음과 같다.

2013년 11월, 영국 엑스터 의대 지니 러셀 교수팀은《소아심리학 및 정신과학지》에서 영국 어린이 1만 9천5백 명을 대상으로 조사한 결과, 저소득층 가정에서 자란 아이가 ADHD를 앓을 가능성이 더 높다고 밝혔다. 또한 학사 학위가 있는 여성보다 중등 교육까지 수료한 여성의 아이들의 ADHD 비율이 2배 이상 높았고 한부모 아이들의 ADHD 비율이 더 높게 나타났다. 유전자나 가족력뿐만 아니라 사회경제적 요인이 아이의 정신 건강에 큰 영향을 미치는 것이다.

가난한 환경에서 자란 아이는 성인기에 만성질환에 걸릴 위험성도 높았다(2011년 캐나다 브리티시 컬럼비아 대학교 심리학과 그레고리 밀러 교수팀). 특히 대사증후군에 걸릴 위험이 40%가량 높았다. 대사증후군은 당뇨, 고혈압, 고지혈증, 비만, 심혈관 질환 등 여러 질병이 한꺼번에 나타나는 현상이다. 아이에게서 스트레스 호르몬인 코르티솔의 분비가 많아질 경우 인체의 혈당 조절 능력에 영향을 끼쳐 결국 대사증후군에 걸리게 된다. 그렇다면 가난한 부모를 둔 아이에게서 스트레스 호르몬이 과다 분비되는 이유는 무엇일까. 아이는 가난한 집에서 태어난 것도, 부모가 가난한 것도 인지하지 못한다. 아이가 느끼는 스트레스는 부모와 교감할 수 있는 시간이 절대적으로 부족하다는 점에 있을 것이다. 가난한 부모는 대체로 아이와 놀아줄 수 있는 시간과 돈도 부족한 경우가 많기 때문이다.

가난한 환경에서 살면 비만이 될 확률도 높다. 게다가 가난한 집의 개도 비만이 된다. 2010년 영국 글래스고 대학 연구진이 《소동물내과학》에 발표한 바에 따르면, 한 살 이상 된 개 700마리의 체중과 주인들의 몸무게, 나이, 경제력 등을 함께 조사했다. 그런데 연간 소득 1만 파운드 이하인 저소득자의 반려견은 연간 소득 4만 파운드 이상 고소득자의 반려견에 비해 병적으로 비만일 확률이 61%나 더 높았다.

영화나 드라마를 보면 가난한 동네에는 폭력이 난무한다. 그런 곳에서 안빈낙도를 말한다면 당장에라도 돌이 날

아올 것이다. 충분히 가질 수 있을 때 마음을 비우는 것과, 무엇도 가질 수 없을 때의 절망과 체념은 다르다. 더군다나 돈이 돈을 버는 자본주의 사회에서 가난은 더 큰 가난을 부르고 대물림되기까지 한다. 과연 20년이 넘게 폐지를 줍던 할머니가 정성스레 모은 돈을 대학교에 기부했다는 사실을 훈훈한 미담으로 볼 수 있을까. 재벌이 사학 비리를 저지르는 사이 가난한 할머니가 돈을 기부하는 역설적인 상황에 분노해야 하는 것이 아닐까.

정치인은
왜
독재자가 되나?

극단의 정치와 시민의 권리

인간의 뇌는 믿고 난 뒤에 판단한다

우리는 통합이라는 단어를 참 좋아한다. 정치인들 역시 선거철마다 화합하고 통합하는 정치를 펼치겠다고 하지만 상황은 항상 반대되는 쪽으로 흐른다. 왜 그럴까. 정치판에서 과연 상호 배려와 통합이라는 것이 가능할까.

　제2차 세계대전은 독일 철학자들에게 큰 충격을 주었다. 가장 합리적이고 이성적인 철학을 추구하던 철학의 본산인 독일에서 세계를 전쟁의 참화로 몰아넣고, 600만 이상의 유태인을 학살한 나치즘이 발생했기 때문이다. 많은 전문가들이 이에 대한 연구를 수행했다. 특히 나치의 박해를 피해 해외로 망명한 비판철학자들은 미국의 지원을 받아 활발하게 이에 관한 연구 결과를 발표하기 시작한다. 전쟁 직후인 1947년 프랑크푸르트학파 철학자 막스 호르크하이머는 『도구적 이성 비판』에서 인간이 나치의 학살과 같은 행위를 하는 것은 이성이 도구화되었기 때문이라고 했다. 즉, 인간의 이성을 어떤 욕망의 수단으로 만들 때 집단 광기가 발현하고 전쟁과 학살이 벌어질 수 있다고 했다. 따라서 도구적 이성을 버리고 성찰적·비판적 이성을 복구해야 한다고 주장했다. 여기서 호르크하이머는 '해야 한다'고 주장했다. 이렇게 말하는 것은 보통 그렇게 잘 되지 않기 때문이다. 인간은 분명 극단으로 치우치는 경향이 있으며 이는 종종 광기로 표현된다. 긍정적인 면에서의 광기는 열정이지만 부정적으로는 파괴의 에너지가 되기도 한다. 정치인 역시 마찬가지이다.

〈국립과학원 회보〉에 발표된 연구를 보면 인간의 뇌에서 정치를 관장하는 영역은 도덕이나 신앙이 관장하는 영역과 같았다. 정치는 신념이자 믿음이다. 도덕과 윤리도 계산적인 판단에 따라 이루어진 것이 아니라 그렇게 믿는 것에서 비롯되고 유지된다. 미국의 과학저널 《스켑틱》의 발행인이자 편집장인 마이클 셔머 박사가 쓴 『믿음의 탄생 : 왜 우리는 종교에 의지하는가The believing brain』를 보면 인간의 뇌는 먼저 믿고 이성적 판단은 그 뒤에 하도록 되어 있다. 어떤 현상이 일어나면 인간은 보이는 것 그대로가 아니라 미리 어떤 틀에 맞추어 믿고 그 틀에 따라 이해하고 해석하고 행동한다. 또한 그것에 맞는 증거들을 추후에 덧붙인다. 셔머는 이를 '믿음 의존적 사실론belief-dependent realism'이라고 했다. 사람들은 크게 '패턴성'patternicity과 '행위자성'agenticity을 통해 자신의 믿음을 확증한다. 모든 현상에서 패턴을 찾으려고 한다. 패턴을 찾는 것이 많은 정보가 범람하는 현실에서 용이한 점이 있기 때문이다. 또한 그런 패턴을 찾아야 자신의 믿음에 의미를 부여할 수 있기 때문이다. 이를 '스스로가 자기 통제감을 부여하는 것'이라고 할 수 있다.

그러다가 객관성에서 점점 멀어지면 패턴의 오류에 빠지기도 한다. 아무 패턴이 없는데 믿음에 따라 억지로 구성하는 것이다. 또한 어떤 현상들이 그냥 일어난 것이 아니라 의도를 가진 행위자가 일으켰다고 생각하기도 한다. 이는 쉽사리 음모론으로 흐른다. 뇌는 자신의 믿음을 확증하기 위해 증거를 찾아다닌다. 그리고 의미 부여와 정서적인 지지를 강화하는 긍정의 피드백 루프를 형성한다. 사람들이 자신의 믿음을 강화하고 그것이 편향되도록 하며, 정서적으로 변덕스러워지는 것은 이 때문이다. 이는 종교인이나 정치인이 보이는 특징이기도 하고 심지어 가장 객관적이라는 과학자들에게서도 나타난다. 과학자도 자신의 신념이나 믿음을 증명하기 위해서 여러 가지 증거를 찾고 심지어 자기 믿음과 신념을 증명하기 위해 자료나 결과를 조작하기도 한다. 따라서 자기 믿음을 확증하려는 사람들은 갈수록 극단적이 된다.

단지 뇌과학의 차원이 아니라, 정보를 얻거나 탐색할 때도 마찬가지이다. 2009년 미국 오하이오 주립대 연구팀의 논문에 따르면 대부분의 사람들은 평소 정치 기사를 읽을 때, 자신과 견해가 같은 기사만 골라 읽는 경향이 있었다. 자신과 반대되는 입장의 기사는 거의 보지 않거나 읽어도 대충 훑어보기만 했다. 연구를 이끌었던 실비아 나블락-웨스터윅 교수는 "의견이 같은 기사만 골라 읽으면 정치적 입장이 한쪽으로 더 쏠리게 되고 사회적 극단화는 심해진다"고 했다. 또한 "온라인 매체가 다양해지면서 선택권은 늘어나고 있지만 실제로 독자들은 자기가 보고 싶은 기사만 읽고 있다"고 말했다. 이런 점은 여전히 다양한 매체와 정보가 넘쳐도 사람들이 특정한 극단적인 견해를 갖는 이유를 알게 한다. 또한 그들을 대변하는 정치인들이 어떤 태도를 보일 것인지에 대해서도 예상할 수 있다. 사람들은 자신의 믿음을 강화하는 자료나 정보만을 습득하고 그러한 믿음을 지지해주는 사람을 선호하게 된다. 작가나 스타, 논객도 마찬가지 맥락에서 존재할 수 있다. 더 많은 지지 세력을 모아 대중 정치를 해야 하는 리더의 입장에서는 자신의 뜻과는 관련 없이 극단을 달리는 이들의 선호에 맞는 행태를 보여야 주목도와 인기를 유지할 수 있게 된다.

권력은 뇌의 화학적 작용을 바꾼다

아서 브룩스 미국기업연구소[AEI] 회장의 분석에 따르면 정치적 온건주의자보다 극단주의자가 더 행복했다. "매우 행복하다"는 대답은 극단적 보수주의자가 48%, 극단적 진보주의자가 35%, 정치적 온건주의자가 26%였다. 사람들은 불확실할 때보다 확실할 때 더 안전함을 느끼고 더 행복을 느낀다. 급진적이며 과격한 사상 체계에 대한 경도는 이런 심리적 요인 때문이다. 또한 조직 구조 안에 있는 사람들은 그 구조적 피드백에 따라 얼마든지 극단적으로 변해갈 수 있다. 예컨대, 학교 다닐 때는 겸손하고 방어적이고 심지어 소심하기까지 한 청년이 조직에 들어가서는 점차 변해 간다. 처음에 보인 작은 성공들이 점차 더 커져서 승승장구할수록 거만하다 못해 오만해진다. 부하들을 대할 때 냉혹하고 심지어는 위선적인 태도를 보인다. 이는 바른 정치를 하겠다고 나선 사람이 갈수록 독재적 리더십을 보이는 것과 같다. 이에 대해 아일랜드 트리니티칼리지 심리학과 이안 로버트슨 교수는 "권력이 뇌의 화학적 작용을 바꿔 놓았기 때문"이라고 했다. 권력을 갖게 되면 뇌에서 도파민 수치가 높아지고 목표에 집중하게 되지만, 도덕적인 판단력 등은 흐려진다는 것이다. 그런 과정에서 목표를 달성하게 되면 다른 목표를 세워 그것을 향해 쉼 없이 달려가면서 '터널 비전'에 빠지게 된다. 터널에서는 앞만 보고 질주할 수밖에 없다.

권력을 가진 자들이 점차 조직과 자신을 동일시하면서 충동적이 되고 최종적으로 무능해지는 특성을 영국 전 외무장관 데이비드 오언 경은 '자기과신 증후군'이라고 했다. 대표적인 예가 나폴레옹과 히틀러인데, 두 사람은 모두 보급로와 퇴각로에 대한 고려 없이 러시아를 침공했다가 전무후무한 대패를 당했다. 독재자인 로버트 무가베 짐바브

웨 대통령, 무아마르 카다피 전 리비아 리더 그리고 토니 블레어 영국 총리도 이런 사례로 언급된다. 특히 토니 블레어 영국 총리는 코소보 사태 해결, 북아일랜드와 평화협정 체결, 시에라리온 반군 제압 등의 성과로 승승장구하자 국무회의를 독단적으로 운영했다. 결국 그는 이라크 파병이라는 최악의 선택을 독단적으로 자행한다.

권력은 달콤하고 극단은 심지어 행복감을 주기도 한다. 이안 로버트슨은 "권력을 가진 자아는 언제든지 사나운 개로 변할 수 있다는 것을 인식하고 이를 길들여야 한다"고 했다. 로마 카톨릭에서 성인을 추대할 때 결함을 찾고 의심을 전담하는 '악마의 변호사'를 두었던 것 역시 극단을 경계하려는 의도였을 것이다.

남의 불행을 보면
왜 기분이 좋아질까

초판 1쇄 발행 2018년 6월 8일

지은이 —— 김헌식

펴낸이 —— 최용범
펴낸곳 —— 페이퍼로드
편   집 —— 김정주, 이우형
디자인 —— 장원석, 신정난
마케팅 —— 손기주
관   리 —— 강은선
출판등록 —— 제10-2427호(2002년 8월 7일)
           서울시 마포구 연남로3길 72(연남동 563-10번지 2층)

이메일 —— book@paperroad.net
홈페이지 —— www.paperroad.net
커뮤니티 —— blog.naver.com/paperroad
페이스북 —— www.facebook.com/paperroadbook
Tel (02)326-0328, 6387-2341 | Fax (02)335-0334

ISBN 979-11-88982-21-9 (03300)